SATT DURCHS STUDIUM
Hölker Verlag
W0408626

Mein herzlicher Dank gilt Christin Geweke und Martina Künzer für ihr Vertrauen und Dr. Falko Kuhnke, Lena und Malte für die Unterstützung.

5 4 3 2 1   17 16 15 14 13
ISBN 978-3-88117-913-3

Layout und Satz: Tina Lechner Grafik & Buchdesign

Hafenweg 30, 48155 Münster, Germany

Printed in China

www.hoelker-verlag.de

LARA TUNNAT

SATT DURCHS STUDIUM

Hölker Verlag

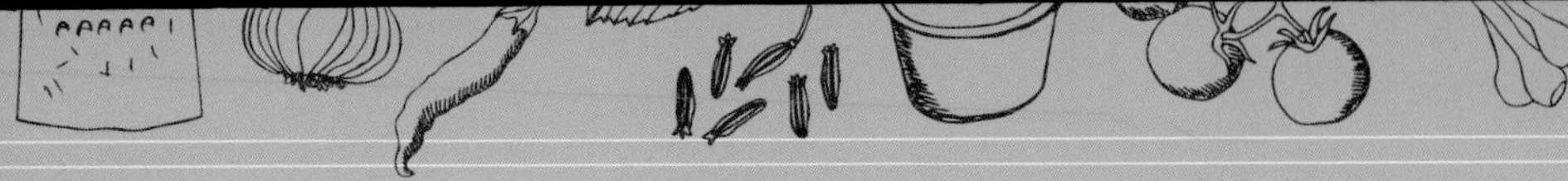

1/ ORIENTIERUNGSWOCHE

ALLES AUF ANFANG

ORIENTIERUNGSWOCHE: ALLES AUF ANFANG

Kochen und Studieren haben manches gemeinsam: Am Anfang ist alles neu (schon allein die Sprache!) und nicht selten fühlt man sich ein wenig überfordert. Zum Glück gilt sowohl im Audimax als auch in der Küche: Übung macht den Meister. Klappt nicht alles beim ersten Mal, ist das kein Grund zum Verzweifeln: Das geht (fast) jedem so. Außerdem werden beim Kochen weder Noten vergeben noch besteht die Gefahr durchzufallen. Also, nur Mut – und vor allem viel Spaß am Herd und guten Appetit!

GRUNDAUSSTATTUNG

Fleischtopf, Gemüsetopf, Kasserolle, Pfanne (beschichtet), Pfanne (unbeschichtet), ggf. Wok, Springform (26 cm), Kastenform (25 cm), Auflaufform, ggf. Muffinblech (12er), Backblech, Kuchenrost, Rührschüssel-Set, Messbecher, Salatsieb, Teesieb, Seiher, Salatschleuder, Schneidebretter, Brotmesser, Kochmesser, kleines Universalmesser, Sparschäler, Pfannenwender, Suppenkelle, Kochlöffel, Schneebesen, Schere, ggf. Schaumlöffel, Teigschaber, Backpinsel, Vierkantreibe, Zitronenpresse, Flaschenöffner, Dosenöffner, Küchenwaage, Eieruhr, Handrührgerät, Mixer oder Pürierstab.

ZUTATEN/SPEISEKAMMER

Gemüse: am besten frisch, saisonal und regional kaufen, ansonsten nicht zu lange lagern. **Kräuter:** möglichst frisch verwenden, sonst TK-Kräuter. **Nudeln:** eine gute Energiequelle dank vieler Kohlenhydrate, mit einem hohen Anteil an Eiweiß, Mineralstoffen und (B-)Vitaminen. **Reis:** hat geschält weniger gesunde Inhaltsstoffe, aber durch das Parboiling-Verfahren bleiben die meisten Vitamine und Mineralstoffe erhalten. **Couscous, Bulgur, Polenta:** ideal für die schnelle Küche. **Fleisch:** darauf achten, gutes Fleisch zu kaufen – es lohnt sich. **Obst:** s. Gemüse. **Vorräte:** sparen Zeit und Geld (auf Angebote achten und gleich doppelt zuschlagen). **Vorratsliste:** Reis, Nudeln, Linsen, Tomaten (Dose), Thunfisch (Dose), Eier, Weizenmehl, Zucker, Backpulver, Butter, Öl, Essig, Senf, Ketchup, Tomatenmark, gekörnte Gemüsebrühe, Honig, Salz, Pfeffer, Paprikapulver (edelsüß), Curry, Zimt, Muskatnuss, Kümmel, ggf. Sojasauce, Sambal oelek, Chilipulver.

EIN PAAR ERKLÄRUNGEN

Allergien/Unverträglichkeiten: Wenn du auf Milch, Sahne etc. verzichten musst oder möchtest, kannst du stattdessen Sojaprodukte verwenden. Für Glutenhaltiges wie Nudeln oder Brot gibt es v. a. im Bioladen Alternativen, die jedoch einen anderen Geschmack und z. T. andere Kocheigenschaften haben – es kann in diesem Fall also passieren, dass das Gericht nicht so gelingt wie bei der Verwendung der angegebenen Zutaten. **BAföG-Rezepte:** Studierende müssen häufig nicht nur am Monatsende auf ihre Ausgaben achten. Besonders günstige Gerichte sind daher mit einem Sternchen markiert. **Mengen:** Du möchtest mehr oder weniger kochen als im Rezept angegeben? Grundsätzlich lassen sich die Mengen problemlos halbieren oder verdoppeln. Nur Vorsicht bei Gebäck! **Rezeptreihenfolge:** Zur leichteren Orientierung im Buch befinden sich die Rezeptkategorien in den einzelnen Kapiteln immer in der gleichen Reihenfolge (Achtung, nicht alle Kategorien tauchen in sämtlichen Kapiteln auf!): Salate, Suppen, Hauptgerichte, Snacks, Süßes/Desserts, Kleingebäck/Kuchen, Getränke. **Schweregrade:** Um dir einen Hinweis darauf zu geben, welche Rezepte besonders leicht umzusetzen sind und welche etwas mehr Können erfordern, steht bei jedem Rezept einer von drei Schwierigkeitsgraden: Erstsemester, Bachelor und Master.

2/ VORLESUNGSZEIT

EINFACHER ALS GEDACHT

TOMATE-EI-SALAT IM WRAP /ERSTSEMESTER, 4 P.

6 Eier hart kochen, kalt abschrecken, pellen und würfeln. 4 große Tomaten putzen und in Würfel schneiden. 3 Frühlingszwiebeln putzen und in Ringe schneiden. 1 Bund Basilikum abbrausen, trocken tupfen und die Blättchen abzupfen. 4 EL Mayonnaise mit 2 EL hellem Balsamicoessig verrühren, anschließend mit den anderen Zutaten vorsichtig vermengen. Mit Salz und Pfeffer würzen. 4 Tortillas nach Packungsanweisung aufbacken, mit dem Tomaten-Ei-Salat füllen und servieren.

Tomate-Ei-Salat im Wrap
S. 10

BOHNEN-THUNFISCH-SALAT /ERSTSEMESTER, 4 P.

440 g grüne Bohnen (Dose) und 250 g weiße Bohnen (Dose) in einem Sieb abtropfen lassen. 1 rote Zwiebel schälen und fein würfeln. 160 g Thunfisch ohne Öl (Dose) in einem Sieb abtropfen lassen. Alle Zutaten in eine Schüssel füllen. 3 EL Olivenöl mit 2 EL hellem Balsamicoessig, Salz und Pfeffer verrühren und über den Salat träufeln. Salat gut durchmengen und 15 Min. kalt stellen. In der Zwischenzeit 1 Bund glatte Petersilie abbrausen, trocken schütteln und die Blättchen fein hacken. Den Salat mit Essig, Salz und Pfeffer abschmecken, mit Petersilie bestreuen und servieren.

PASTA-SALAT* / ERSTSEMESTER, 4 P.

500 g Spirelli mit 1 TL Salz in reichlich kochendem Wasser nach Packungsanweisung garen. In der Zwischenzeit 500 g Möhren schälen, von den Enden befreien und in dünne Scheiben schneiden. Möhren mit 1/8 l Gemüsebrühe in einem Topf aufkochen und zugedeckt bei geringer Hitze ca. 10 Min. dünsten. 5 Min. vor Ende der Garzeit 250 g Erbsen (TK) zugeben. 2 eingelegte Paprikaschoten (Glas) in Streifen schneiden. Nudeln abgießen, kalt abschrecken, abtropfen lassen und in eine Schüssel füllen. Erbsen, Möhren und Paprika untermischen. 250 g Joghurt mit 3 EL Mayonnaise, 4 EL Essig, je 1 TL getrocknetem Thymian und Paprikapulver (edelsüß) sowie Salz und Pfeffer verrühren und über den Salat geben. Den Salat mit dem Dressing vermischen und servieren. **Tipp:** Dazu passen Würstchen oder Frikadellen.

ORIENTALISCHER KICHERERBSENSALAT /ERSTSEMESTER, 4 P.

450 g Kichererbsen (Dose) in einem Sieb unter kaltem Wasser abspülen und abtropfen lassen. 2 Knoblauchzehen schälen und fein würfeln. 3 EL Öl in einer Pfanne erhitzen und darin 75 g Cashewkerne bei hoher Temperatur in ca. 2 Min. goldbraun rösten. Auf Küchenpapier abtropfen lassen. Knoblauch, 2 TL Currypulver und 1 TL gemahlenen Kreuzkümmel in das Bratfett geben und darin bei mittlerer Hitze 1 Min. anbraten. Kichererbsen zufügen, unter Rühren 2 Min. mitbraten und zum Abkühlen in eine Schüssel füllen. 2 Stangen Staudensellerie putzen und fein würfeln. 2 Frühlingszwiebeln putzen und in Ringe schneiden. Kichererbsen mit 2 EL Zitronensaft, Salz und Pfeffer abschmecken, mit den übrigen Zutaten vermengen und den Salat servieren.

EISBERGSALAT MIT LAUCH UND MÖHREN /ERSTSEMESTER, 4 P.

200 g Eisbergsalat von Strunk und äußeren Blättern befreien und in Streifen schneiden. 250 g Möhren schälen und mit einer Reibe grob raspeln. 2 Stangen Lauch putzen, längs halbieren und in feine Scheiben schneiden. Gemüse in eine Schüssel füllen. 4 Eier in einem Topf mit ausreichend Wasser bedecken, aufkochen und in ca. 10 Min. hart kochen. Eier abgießen, mit kaltem Wasser abschrecken, pellen und vierteln. 5 EL Mayonnaise mit 150 g Joghurt, 2 EL Zitronensaft, je 1 Prise Zucker, Salz und Pfeffer verrühren, über den Salat geben und untermengen. Den Salat mit Eivierteln garnieren. **Tipp:** Mit leckerem Bauernbrot servieren.

BAYERISCHER LEBERKÄSESALAT /ERSTSEMESTER, 4 P.

500 g Leberkäse in 1 cm große Würfel schneiden. 250 g Gewürzgurken längs halbieren und fein würfeln. 1/2 l Wasser in einem Topf zum Kochen bringen. 150 g Erbsen (TK) und 1 Prise Salz hineingeben, 5 Min. kochen und in ein Sieb abgießen. 200 g eingelegte Paprikastreifen (Glas) in einem Sieb abtropfen lassen und mit den übrigen Zutaten in eine Schüssel füllen. 4 EL Öl mit 2 EL Essig, 1 TL Senf sowie etwas Salz, Pfeffer und Paprikapulver (edelsüß) verrühren und über den Salat träufeln. Alles vermengen und mind. 15 Min. durchziehen lassen. In der Zwischenzeit 1 Zwiebel schälen und in Ringe schneiden. 1/2 Bund Petersilie waschen, trocken schütteln und fein schneiden. Den Salat mit Zwiebelringen und Petersilie bestreuen und servieren. **Tipp:** Am besten ein paar Laugenbrezeln dazu reichen.

TOMATEN-MAIS-SALAT MIT AVOCADO /ERSTSEMESTER, 4 P.

350 g Mais (Dose) in einem Sieb abtropfen lassen. 4 Fleischtomaten waschen und achteln, die Stielansätze sowie die Kerne entfernen. 1 Avocado schälen, halbieren, vom Stein befreien und klein schneiden. 1 rote Zwiebel schälen und fein würfeln. 2 Frühlingszwiebeln putzen und in feine Ringe schneiden. 1/2 Bund Basilikum waschen, trocken schütteln und die Blättchen fein hacken. Alle Zutaten in eine Schüssel füllen und vermengen. 4 EL Olivenöl und je 1/2 TL Salz und Pfeffer zufügen. Alles gut vermischen und den Salat sofort servieren. **Tipp:** Dazu passt Steak oder Fladenbrot.

GRÜNER SALAT /BACHELOR, 4 P.

1 Eisbergsalat vierteln, von Strunk und äußeren Blättern befreien und in Streifen schneiden. 1 Salatgurke und 1 Zucchini putzen, vierteln und in dünne Scheiben schneiden. 1 grüne Paprikaschote waschen, von Samen sowie Scheidewänden befreien und in Streifen schneiden. 3 Stangen Staudensellerie putzen und fein würfeln. 400 g kernlose grüne Weintrauben waschen, abtropfen lassen und halbieren. 1 Bund Frühlingszwiebeln putzen und in Ringe schneiden. Alle Zutaten in einer Schüssel vermengen. 1 grüne Chilischote putzen, halbieren, entkernen und klein hacken. 6 EL Zitronensaft, 2 EL flüssigen Honig und die Chili verrühren und über den Salat träufeln. Gut vermengen und bis zum Servieren abgedeckt kühl stellen.

GRÜNE-BOHNEN-BRATKARTOFFEL-SALAT* / BACHELOR, 4 P.

500 g gekochte Kartoffeln vom Vortag pellen und in Würfel schneiden. In einer Pfanne bei mittlerer Hitze in 2 EL Butterschmalz rundum knusprig anbraten. In der Zwischenzeit 500 g grüne Bohnen putzen und in ca. 3 cm lange Stücke schneiden. In einen Topf geben, mit Wasser bedecken, etwas Salz zufügen, aufkochen und die Bohnen bei mittlerer Temperatur in 8–10 Min. bissfest garen. In Eiswasser abschrecken und in einem Sieb gründlich abtropfen lassen. 1 Bund Basilikum mit 1–2 EL Olivenöl pürieren, mit Salz und Pfeffer würzen. In einer Schüssel Bohnen und Basilikumöl verrühren. Bratkartoffeln unterheben und den Salat servieren.

KLARE PILZSUPPE* / BACHELOR, 4 P.

750 g Kartoffeln schälen und klein schneiden. 2 Schalotten schälen und fein würfeln. 1 EL Öl in einem Topf erhitzen und die Schalotten darin anschwitzen. Kartoffeln zufügen und mit 1 l Gemüsebrühe ablöschen. 1 Lorbeerblatt zugeben, alles aufkochen und bei geringer Hitze ca. 12 Min. köcheln lassen. 700 g gemischte Pilze putzen und je nach Größe halbieren bzw. in Scheiben schneiden. 1 EL Öl in einer Pfanne erhitzen und die Pilze darin bei hoher Temperatur kurz anbraten. Herausnehmen und beiseitestellen. Lorbeer aus dem Topf nehmen, die Suppe mit Salz, Pfeffer und 1 Prise Cayennepfeffer würzen. Erneut aufkochen und die Pilze zufügen. In Schälchen füllen und mit je 1 EL Crème fraîche servieren.

Klare Pilzsuppe
S. 20

WÜRZIGE KARTOFFEL-PAPRIKA-SUPPE /ERSTSEMESTER, 4 P.

750 g Kartoffeln schälen und in kleine Würfel schneiden. 2 rote Paprikaschoten waschen, von Samen sowie Scheidewänden befreien und in feine Streifen schneiden. 200 g Rauchenden oder Cabanossi in Scheiben schneiden. 2 Zwiebeln und 2 Knoblauchzehen schälen. Zwiebeln längs vierteln und dann quer halbieren. Knoblauch fein hacken. 3 EL Olivenöl in einem großen Topf erhitzen. Zwiebeln und Knoblauch darin bei mittlerer Temperatur 3 Min. anschwitzen. Paprika und Wurstscheiben zufügen und 3 Min. mitbraten. Kartoffeln zugeben und unter Wenden 2 Min. anbraten. 1/2 l Gemüsebrühe angießen, aufkochen und die Kartoffeln zugedeckt bei geringer Hitze in ca. 20 Min. garen. Die Suppe mit reichlich Pfeffer und ggf. Salz abschmecken und servieren.

KÜRBIS-KOKOS-SUPPE / BACHELOR, 4 P.

1 großen Hokkaido-Kürbis putzen, vierteln, von Stielansatz sowie Kernen befreien und klein schneiden. 2 Knoblauchzehen schälen und fein würfeln. 1 l Gemüsebrühe in einem großen Topf zum Kochen bringen. Kürbis und Knoblauch zugeben, aufkochen und zugedeckt bei geringer Hitze ca. 20 Min. köcheln lassen. Den Topf vom Herd nehmen und die Suppe pürieren. 200 ml Kokosmilch (Dose) unterrühren. Mit Zitronensaft, Salz und Pfeffer würzen. Die Suppe noch einmal erwärmen, auf vier Schälchen verteilen und nach Belieben mit gerösteten Kürbiskernen bestreut servieren.

FISCH-GEMÜSE-SUPPE* / BACHELOR, 4 P.

500 g Kartoffeln schälen. 1 Fenchelknolle und 1 Zucchini putzen. Gemüse längs halbieren und in dünne Scheiben schneiden. 1 Fleischtomate waschen, halbieren, vom Stielansatz befreien und würfeln. 1 Knoblauchzehe schälen und fein hacken. 3 EL Öl in einem großen Topf erhitzen. Kartoffeln und Fenchel darin bei mittlerer Hitze 3 Min. anbraten und mit Salz und Pfeffer würzen. Zucchini und Knoblauch zufügen und weitere 3 Min. braten. Tomate und 1 l Gemüsebrühe zugeben, aufkochen und bei geringer Hitze ca. 10 Min. köcheln lassen. In der Zwischenzeit 200 g Fischfilet unter kaltem Wasser abspülen, trocken tupfen und in mundgerechte Stücke schneiden. Fisch in die Suppe geben und darin in ca. 3 Min. garen. Die Suppe mit Salz und Pfeffer abschmecken und servieren.

LAUCH-TOMATEN-EINTOPF MIT HACKFLEISCH /ERSTSEMESTER, 4 P.

2 Zwiebeln schälen und würfeln. 2 große Stangen Lauch putzen und in feine Ringe schneiden. 3 EL Öl in einem großen Topf erhitzen und die Zwiebeln darin bei mittlerer Temperatur glasig dünsten. 750 g Hackfleisch zugeben und bei hoher Temperatur unter Rühren krümelig braten. Lauch, 400 g passierte Tomaten, 1/2 l Gemüsebrühe, 1 TL Senf, 1 TL Paprikapulver (edelsüß), Salz und Pfeffer zufügen und alles zum Kochen bringen. Den Eintopf zugedeckt bei geringer Hitze ca. 15 Min. köcheln lassen, dabei gelegentlich umrühren. Mit Salz, Pfeffer und Paprikapulver abschmecken, mit 200 ml saurer Sahne verrühren und servieren.

LINSENEINTOPF / BACHELOR, 4 P.

1 Bund Suppengrün putzen. Lauch in feine Ringe schneiden, Möhren schälen und klein schneiden, Sellerie würfeln. 400 g Kartoffeln schälen und in Würfel schneiden. 2 Zwiebeln schälen und fein hacken. 2 EL Öl in einem großen Topf erhitzen und das Gemüse darin 3 Min. anbraten. 250 g braune Linsen abspülen, abtropfen lassen und mit 1,5 l Gemüsebrühe zugeben. Aufkochen und bei geringer Hitze zugedeckt 15 Min. köcheln lassen. In der Zwischenzeit 250 g Rauchenden oder andere Mettwürste in Scheiben schneiden. 1/2 Bund Petersilie abbrausen, trocken schütteln und die Blättchen hacken. Wurstscheiben in den Topf geben und den Eintopf weitere 10 Min. köcheln lassen. Mit hellem Balsamicoessig, 1 Prise Zucker, Salz und Pfeffer abschmecken, mit Petersilie bestreuen und servieren.

KARTOFFEL-GURKEN-TOPF* / BACHELOR, 4 P.

400 g Kartoffeln schälen und würfeln. In einem Topf mit Wasser bedecken und mit 1/2 TL Salz aufkochen. Bei mittlerer Temperatur in 10 Min. garen, dann abgießen. In der Zwischenzeit 1 kg Schmor- oder Salatgurken schälen, längs halbieren, von Kernen befreien und in 1 cm große Würfel schneiden. 2 EL Butter in einem Topf zerlassen und die Gurken darin andünsten, 20 g Mehl zugeben und verrühren. 1/2 l Gemüsebrühe angießen, aufkochen und zugedeckt bei mittlerer Temperatur ca. 15 Min. köcheln lassen. Kartoffeln und 1/8 l Sahne unterrühren. Mit 2 EL Senf, 1 EL Zitronensaft, Salz und Pfeffer würzen. 1 Bund Dill abbrausen, trocken schütteln und fein schneiden. Den Kartoffel-Gurken-Topf mit Dill bestreuen und servieren. **Tipp:** Dazu passen Rostbratwürstchen.

MAKKARONIAUFLAUF* / MASTER, 4 P.

Backofen auf 240 °C (Umluft 220 °C) vorheizen. 400 g Makkaroni mit 1 TL Salz in reichlich kochendes Wasser geben und nach Packungsanweisung garen. In der Zwischenzeit 50 g Butter in einem Topf zerlassen, 50 g Mehl zufügen und bei mittlerer Hitze unter Rühren goldbraun werden lassen. 600 ml Milch nach und nach unter Rühren zugeben, bis eine dickflüssige Sauce entsteht. Mit 1 TL Salz, Pfeffer und frisch geriebener Muskatnuss würzen und 5 Min. köcheln lassen. 200 g Kochschinken in Streifen schneiden. 6 Tomaten putzen, entkernen und in Scheiben schneiden. Nudeln abgießen, abtropfen lassen und 2/3 in eine Auflaufform füllen. Schinken und Tomaten zufügen, dann die restlichen Nudeln daraufgeben. Mischung mit Sauce übergießen, mit 150 g geriebenem Käse bestreuen und ca. 15 Min. backen, bis der Käse goldbraun ist.

Makkaroniauflauf
S. 28

ÜBERBACKENE HÄHNCHENBRUSTFILETS / BACHELOR, 4 P.

Backofen auf 220 °C (Umluft 200 °C) vorheizen. 4 Hähnchenbrustfilets abspülen, trocken tupfen und mit Salz und Pfeffer bestreuen. 2 EL Öl in einer Pfanne erhitzen und die Filets darin bei mittlerer Temperatur unter Wenden in ca. 8 Min. goldbraun braten. In der Zwischenzeit 150 g Mozzarella in Scheiben schneiden. 750 g Cocktailtomaten waschen, halbieren und in eine Auflaufform füllen. 2 EL Kapern (Glas) und 2 EL schwarze Oliven ohne Stein (Glas) zu den Tomaten geben. Mit Salz, Pfeffer und 1 Prise Zucker würzen. Hähnchenbrustfilets auf das Tomatenbett legen, mit 4 TL Pesto bestreichen, mit Mozzarella belegen und ca. 15 Min. überbacken. 1/2 Bund Basilikum abbrausen, trocken schütteln und die Blättchen fein schneiden. Über die Filets streuen. **Tipp:** Mit Reis servieren.

PILZ-PFANNE /ERSTSEMESTER, 4 P.

500 g Kartoffeln in einem Topf mit Wasser bedecken. Mit 1 TL Salz zugedeckt zum Kochen bringen und bei mittlerer Temperatur in ca. 15 Min. garen. In der Zwischenzeit 250 g rote Paprikaschoten putzen, von Samen sowie Scheidewänden befreien und in Streifen schneiden. 250 g Champignons und 1 Stange Lauch putzen und in Viertel bzw. Ringe schneiden. Kartoffeln abgießen, unter kaltem Wasser abschrecken, pellen und in Scheiben schneiden. 2 EL Öl in einer Pfanne erhitzen und Paprika, Pilze und Lauch darin unter Rühren ca. 8 Min. anbraten. Kartoffeln und 100 g Erbsen (TK) zufügen und kurz mitbraten. Die Pilz-Pfanne mit Salz und Pfeffer würzen, mit 4 EL saurer Sahne garnieren und servieren.

ROTE-BETE-GRATIN MIT CIABATTA / BACHELOR, 4 P.

Den Backofen auf 200 °C (Umluft 180 °C) vorheizen. 2 Knoblauchzehen schälen und mit einem Messerrücken zerdrücken. Zusammen mit 350 ml Sahne, 4 Stängeln Minze und 1 Prise Salz in einen Topf geben und kurz aufkochen. Vom Herd nehmen und 15 Min. ziehen lassen. 8 vorgekochte Rote Bete in Scheiben schneiden. Eine Auflaufform mit 1 EL Butter einfetten und das Gemüse darin verteilen. Mit Salz und Pfeffer würzen. Die Sahne durch ein Sieb darübergießen. 200 g Schafskäse zerbröseln und auf der Roten Bete verteilen. Im Ofen für 15–20 Min. backen, bis der Käse leicht gebräunt ist. Mit 2 EL gehackter Minze bestreuen. 2 Ciabatta in Scheiben schneiden und mit dem Gratin servieren.

HIMMEL UND ERDE FÜR EILIGE* /ERSTSEMESTER, 4 P.

500 g Kartoffeln schälen und würfeln. 250 g gebrühte Bratwürste in Scheiben schneiden. 3 EL Öl in einer Pfanne erhitzen und die Wurstscheiben darin bei mittlerer Temperatur 4 Min. braten, dann beiseitestellen. Kartoffeln in die Pfanne geben, kurz anbraten und mit 200 ml Gemüsebrühe zugedeckt bei mittlerer Hitze in ca. 15 Min. garen. In der Zwischenzeit 2 Äpfel schälen, von Kerngehäusen befreien und in Scheiben schneiden. Äpfel und Wurst 5 Min. vor Ende der Garzeit zu den Kartoffeln geben. Das Gericht mit Salz und Pfeffer würzen, mit 1 TL getrocknetem Majoran bestreuen und servieren.

SPANISCHES KARTOFFELOMELETT / BACHELOR, 4 P.

700 g Kartoffeln schälen und in dünne Scheiben schneiden. 1 Zwiebel und 1 Knoblauchzehe schälen und fein würfeln. Reichlich Öl in einer Pfanne erhitzen und die Kartoffeln darin bei hoher Temperatur unter Wenden ca. 7 Min. braten. In der Zwischenzeit 7 Eier mit 2 EL Sahne, Salz, Pfeffer und 1 TL Cayennepfeffer verrühren. Zwiebel und Knoblauch zu den Kartoffeln geben und 3 Min. mitbraten. Aus der Pfanne nehmen, in einem Sieb gut abtropfen lassen und 2 EL Öl auffangen. Kartoffeln und Eimischung gut vermengen und im Öl 2 Min. bei starker Hitze anbraten. Die Temperatur reduzieren und die Tortilla zugedeckt bei mittlerer Hitze stocken lassen. Nach 5 Min. wenden, mit 100 g geriebenem Käse (z. B. Pecorino oder Manchego) bestreuen und auf oberster Schiene unter dem heißen Backofengrill 3–5 Min. überbacken.

Spanisches Kartoffelomelett

S. 34

BUNTE SCHNITZELPFANNE /ERSTSEMESTER, 4 P.

2 Zwiebeln schälen und fein würfeln. 1 rote und 1 gelbe Paprikaschote waschen, von Samen sowie Scheidewänden befreien und würfeln. 1 große Stange Lauch putzen und in Ringe schneiden. 500 g Schweineschnitzel trocken tupfen und in 1 cm breite Streifen schneiden. 2 EL Butterschmalz in einer großen Pfanne zerlassen und das Fleisch darin rundum scharf anbraten, dann beiseitestellen. 250 g Reis hineingeben und kurz anschwitzen. Mit 3/4 l Gemüsebrühe aufkochen und zugedeckt bei niedriger Temperatur 10 Min. köcheln. Zwiebeln, Paprika, Lauch und 300 g Erbsen (TK) zufügen und weitere 10 Min. köcheln. Fleisch zugeben und heiß werden lassen. Mit Salz, Pfeffer und Paprikapulver (edelsüß) würzen und servieren.

GRATINIERTER BLUMENKOHL / BACHELOR, 4 P.

Backofen auf 240 °C (Umluft 220 °C) vorheizen. 1 kg Blumenkohl putzen und in einem Topf mit Wasser bedecken. Mit 1 TL Salz aufkochen und bei mittlerer Temperatur in 15–20 Min. garen, dann abgießen und abtropfen lassen. 1 Zwiebel schälen und fein würfeln. 2 EL Öl in einer großen Pfanne erhitzen und 500 g Hackfleisch darin bei hoher Temperatur unter Rühren krümelig braten. Zwiebel zugeben und glasig dünsten. 500 g passierte Tomaten und 2 EL Tomatenmark 5 Min. mitbraten. Die Sauce mit 1 EL Crème fraîche, 1 TL getrocknetem Oregano, 1 Prise Zucker, 1 Prise frisch geriebener Muskatnuss, Salz und Pfeffer würzen und in eine Auflaufform füllen. Kohl daraufsetzen und mit 150 g Gouda in Scheiben belegen. Den Blumenkohl im heißen Ofen ca. 5 Min. überbacken und servieren.

HÄHNCHEN MIT BIRNEN / BACHELOR, 4 P.

1 rote Zwiebel schälen und in Ringe schneiden. 150 g Speck würfeln. 2 Birnen schälen, von Kerngehäusen befreien und in Spalten schneiden. 2 EL Butter in einer Pfanne zerlassen und die Birnen darin bei mittlerer Temperatur in ca. 5 Min. goldbraun braten, dann beiseitestellen. 4 Hähnchenbrustfilets unter kaltem Wasser abspülen, trocken tupfen und quer in Scheiben schneiden. 2 EL Öl in der Pfanne erhitzen und das Fleisch darin unter Wenden bei mittlerer Temperatur ca. 3 Min. braten. Zwiebel und Speck zufügen und 5 Min. mitbraten. Hähnchen-Speck-Mischung mit Salz und Pfeffer würzen. 125 ml Weißwein angießen und unter Rühren köcheln lassen, dabei den Bratensatz lösen. Birnen in die Sauce geben und ca. 2 Min. mitköcheln. Auf Teller verteilen und servieren.

COUSCOUS MIT FRÜHLINGSGEMÜSE / BACHELOR, 4 P.

300 g Couscous mit 1 TL Salz und 1 TL gemahlenem Kreuzkümmel vermischen und nach Packungsanweisung quellen lassen. 500 g Möhren putzen, schälen und in Scheiben schneiden. 1 Bund Frühlingszwiebeln putzen und schräg in 1 cm breite Ringe schneiden. 4 EL Öl in einer Pfanne erhitzen und darin 250 g Rinderhackfleisch krümelig braten. Das Fleisch aus der Pfanne nehmen, mit Salz und Pfeffer würzen und warm stellen. Die Möhren in der Pfanne zugedeckt bei niedriger Temperatur 7 Min. braten. Nach 5 Min. die Frühlingszwiebeln zufügen. 200 ml Wasser angießen, aufkochen und 3 Min. köcheln lassen. In der Zwischenzeit 300 g Joghurt mit 1 EL 8-Kräuter-Mischung (TK), Salz und Pfeffer verrühren. Den Couscous auflockern und zu Gemüse, Joghurt und Hackfleisch servieren.

GEBACKENES FISCHFILET IN PILZRAHMSAUCE / BACHELOR, 4 P.

Backofen auf 180 °C (Umluft 160 °C) vorheizen. 600 g Fischfilet unter kaltem Wasser abspülen, trocken tupfen und mit 2 EL Zitronensaft beträufeln. Fisch mit Salz bestreuen, grob würfeln und in eine Auflaufform geben. 1 Zwiebel schälen und fein würfeln. 250 g Champignons putzen und in Scheiben schneiden. 1 EL Butter in einer Pfanne zerlassen und Zwiebel und Champignons darin andünsten. 1 EL Paprikapulver (edelsüß) und 1/8 l Gemüsebrühe zufügen. 3 EL Mehl mit 1/4 l Sahne verrühren und untermengen. Fisch mit Pilzsauce übergießen und im heißen Ofen 30 Min. backen. In der Zwischenzeit 1 Bund Petersilie abbrausen, trocken schütteln und die Blättchen fein hacken. Den Fisch mit Petersilie bestreuen. **Tipp:** Mit Reis servieren.

ZUCCHINI-MÖHREN-KUCHEN* / ERSTSEMESTER, SPRINGFORM Ø 26 CM

Backofen auf 200 °C (Umluft 180 °C) vorheizen. Die Springform mit Butter einfetten und mit Mehl bestäuben. 150 g Möhren schälen, 150 g Zucchini putzen. Gemüse grob raspeln. 150 g Butter in einem Topf zerlassen. In eine große Schüssel umfüllen und mit 100 ml Milch und 1 Ei verrühren. Gemüse, 100 g geriebenen Emmentaler, 25 g geriebenen Parmesan, 4 EL Röstzwiebeln, Salz und Pfeffer zugeben und gut vermengen. 250 g Mehl und 1 Pck. Backpulver mischen, über die Gemüsemischung sieben und kurz unterrühren. Teig in die Springform füllen und glatt streichen. Den Kuchen im unteren Drittel des Ofens ca. 25 Min. backen, in der Form etwas abkühlen lassen und warm servieren.

PASTA MIT TOMATENSAUCE* /MASTER, 4 P.

1 kg Tomaten waschen, überbrühen, kalt abschrecken, von Stielansatz und Haut befreien und würfeln. 1 Zwiebel und 1 Knoblauchzehe schälen und fein hacken. 2 EL Öl in einem Topf erhitzen und Zwiebel und Knoblauch darin glasig dünsten. Tomaten, 2 EL Tomatenmark, Salz und Pfeffer zugeben, aufkochen und zugedeckt bei geringer Hitze unter gelegentlichem Rühren 15 Min. köcheln lassen. In der Zwischenzeit 400 g Nudeln und 1 TL Salz in reichlich kochendes Wasser geben und nach Packungsanweisung garen. Die Tomatensauce ggf. pürieren, mit 1 TL Zucker, 1 TL hellem Balsamicoessig, Salz und Pfeffer abschmecken und mit frischem Basilikum bestreut zu den Nudeln servieren. **Tipp:** Für noch mehr Geschmack frisch geriebenen Parmesan dazu reichen.

Pasta mit Tomatensauce
S. 42

FRIKADELLEN /BACHELOR, 4 P.

1 altbackenes Brötchen für einige Min. in ein Schälchen mit 1/4 l Wasser geben, ausdrücken und auseinanderzupfen. 1 Zwiebel schälen und fein würfeln. 250 g gemischtes Hackfleisch mit Brötchen, Zwiebel, 1 Ei, 1 TL Paprikapulver (edelsüß), Salz und Pfeffer in eine Schüssel geben und gut vermischen. 70 g Feta würfeln. Mit 1 TL Kräuter der Provence zur Hackmischung geben, alles vermengen und in 8 Portionen teilen. Diese zu Kugeln formen und flach drücken. 4 EL Öl in einer Pfanne erhitzen, Frikadellen hineingeben und von jeder Seite 2 Min. scharf anbraten. Die Temperatur reduzieren und die Frikadellen unter Wenden in ca. 8 Min. fertig braten. **Tipp:** Mit Kartoffelpüree und grünem Salat servieren.

MOGEL-PIZZA / BACHELOR, 4 P.

Backofen auf 180 °C (Umluft 160 °C) vorheizen. 2 rote und 2 gelbe Paprikaschoten putzen, von Samen sowie Scheidewänden befreien und würfeln. 300 g Champignons putzen und in Scheiben schneiden. 500 g passierte Tomaten mit 2 EL Tomatenmark, 2 TL getrockneten italienischen Kräutern, Salz und Pfeffer verrühren und auf 2 Fladenbrote streichen. Nacheinander 200 g Salami in Scheiben, Pilze und Paprika auf den Broten verteilen. Die Pizzas mit 300 g geriebenem Käse bestreuen und ca. 25 Min. im Ofen backen.

ASIATISCHE HÄHNCHEN-PFANNE / BACHELOR, 4 P.

500 g Hähnchenbrustfilets kalt abspülen, trocken tupfen und in Streifen schneiden. 2 EL Sojasauce, 3 EL Weißwein und 2 TL Speisestärke verrühren. Fleisch damit vermengen, 10 Min. marinieren und abtropfen lassen. 1 Bund Frühlingszwiebeln putzen und schräg in Ringe schneiden. 250 g Ananas schälen, vom Strunk befreien und in Würfel schneiden. 4 EL Öl in einer Pfanne erhitzen und das Fleisch darin rundum scharf anbraten, dann mit Salz und Pfeffer würzen. Nacheinander Frühlingszwiebeln und Ananas zugeben und kurz mitbraten. 2 EL Sojasauce und 1/8 l Hühnerbrühe zufügen und das Fleisch zugedeckt bei mittlerer Hitze in 5 Min. fertig garen. **Tipp:** Mit Asianudeln oder Reis servieren. Für eine sämigere Sauce 1 TL Speisestärke mit 1 EL Wasser verrühren, zugeben und aufkochen.

NUDELAUFLAUF MIT NÜSSEN UND ROSINEN* / BACHELOR, 4 P.

Backofen auf 180 °C (Umluft 160 °C) vorheizen. Eine Auflaufform mit Butter einfetten. 300 g Bandnudeln in einem Topf mit kochendem Wasser und 1 TL Salz nach Packungsanweisung garen. In der Zwischenzeit 1 Zwiebel schälen und fein würfeln. 1 Bund Petersilie abbrausen, trocken schütteln und die Blättchen fein schneiden. Zwiebeln und Petersilie mit 250 g Hackfleisch, 1 Ei, 2 EL Rosinen, 2 EL gemahlenen Mandeln oder Haselnüssen, je 1/2 TL getrocknetem Thymian und Majoran, Salz und Pfeffer vermengen. Nudeln abgießen, abtropfen lassen und in die Form füllen. Die Hackmischung auf den Nudeln verteilen, mit 425 g Tomaten in Stücken (Dose) bedecken und mit Salz und Pfeffer würzen. Den Nudelauflauf mit 75 g geriebenem Käse bestreuen, im heißen Ofen ca. 30 Min. backen und servieren.

FISCH MIT ERBSEN-DILL-GEMÜSE / BACHELOR, 4 P.

500 g Kartoffeln schälen und in 1 cm große Würfel schneiden. 1 EL Butter in einer Pfanne zerlassen und die Kartoffeln darin ca. 3 Min. braten. 1/8 l Gemüsebrühe angießen, aufkochen und zugedeckt bei mittlerer Hitze 15 Min. köcheln lassen. Nach 10 Min. 350 g Erbsen (TK) zufügen. In der Zwischenzeit 600 g Fischfilet unter kaltem Wasser abspülen, trocken tupfen, mit Salz bestreuen und in Mehl wenden. 4 EL Öl in einer zweiten Pfanne erhitzen und den Fisch darin bei mittlerer Temperatur unter Wenden ca. 5 Min. braten. 1 Bund Dill abbrausen, trocken schütteln und fein schneiden. 1/8 l Sahne und 2 Eigelb verquirlen und unter das Gemüse rühren. Mit Salz, Pfeffer und frisch geriebener Muskatnuss würzen, mit Dill bestreuen und zum Fisch servieren.

BROKKOLI-GEFLÜGEL-CURRY / BACHELOR, 4 P.

50 g gehobelte Mandeln in einer Pfanne bei mittlerer Temperatur goldbraun rösten. 400 g Brokkoli waschen und in Röschen teilen. 300 g Kichererbsen (Dose) abspülen und abtropfen lassen. 400 g Puten- oder Hähnchenbrustfilets kalt abspülen, trocken tupfen und in Streifen schneiden. 2 EL Butterschmalz in einer Pfanne zerlassen und das Fleisch darin rundum scharf anbraten, mit Salz und Pfeffer würzen, aus der Pfanne nehmen und warm stellen. 1 EL Currypulver in der Pfanne erhitzen, Brokkoli und 200 ml Gemüsebrühe zufügen und aufkochen. Zugedeckt ca. 7 Min. köcheln lassen, nach 2 Min. die Kichererbsen zugeben. 200 ml Sahne angießen und erneut aufkochen. 1 TL Speisestärke mit 1 EL Wasser verrühren und zufügen. Dann das Fleisch untermischen. Das Curry mit Salz und Pfeffer abschmecken, mit Mandeln bestreuen und servieren.

SCHNITZEL MIT KÄSE-KRÄUTER-PANADE / BACHELOR, 4 P.

4 Schweineschnitzel trocken tupfen und von beiden Seiten mit Salz und Pfeffer würzen. 2 Eier in einem tiefen Teller verquirlen. 8 EL Paniermehl in einem anderen tiefen Teller mit 50 g geriebenem Käse und 1/2 TL getrocknetem Majoran vermischen. Schnitzel von beiden Seiten erst durch das Ei, dann durch das Paniermehl ziehen. 3 EL Butterschmalz in einer Pfanne zerlassen und die Schnitzel darin bei mittlerer Temperatur unter Wenden in ca. 6 Min. goldbraun braten. **Tipp:** Die Schnitzel schmecken besonders gut mit Pommes frites und grünem Salat.

CHICORÉE-TOMATEN-REIS* / MASTER, 4 P.

2 Zwiebeln schälen und fein würfeln. 2 EL Butter in einer großen Pfanne zerlassen und die Zwiebeln darin glasig dünsten. 200 g Reis zugeben und kurz anbraten. 1/2 l Gemüsebrühe angießen, aufkochen und den Reis zugedeckt bei mittlerer Temperatur in 12 Min. garen. In der Zwischenzeit 500 g Tomaten überbrühen, kalt abschrecken, von Stielansätzen und Haut befreien und würfeln. 3 Chicoréestauden von welken Blättern und Strünken befreien und quer in Streifen schneiden. Chicorée, Tomaten und 100 g geriebenen Parmesan unter den Reis mischen und 5 Min. mitdünsten. 1 Bund glatte Petersilie oder Schnittlauch abbrausen, trocken schütteln und fein schneiden. Den Reis mit Salz und Pfeffer würzen, mit Kräutern bestreuen und servieren.

HÄHNCHEN-KOKOS-WOK / BACHELOR, 4 P.

600 g Hähnchenbrustfilets kalt abspülen, trocken tupfen und in feine Scheiben schneiden. Saft und Abrieb von 1 Bio-Zitrone, 4 EL Kokosraspeln und Pfeffer mit dem Fleisch vermischen. 1 Bund Frühlingszwiebeln putzen und in Ringe schneiden. 2 EL Öl im Wok erhitzen und die Hälfte des Fleisches darin unter Rühren 3 Min. scharf anbraten. Mit der zweiten Portion genauso verfahren. Sämtliches Fleisch in den Wok geben und mit 300 g Erbsen (TK) weitere 2 Min. braten. 400 ml Kokosmilch (Dose), 4 EL helle Sojasauce (Asienladen) und 1 EL Zucker zufügen und aufkochen. Frühlingszwiebeln zugeben und alles zugedeckt bei niedriger Temperatur 5 Min. köcheln lassen. Mit Salz abschmecken. **Tipp:** Dazu Reis servieren.

KARTOFFELAUFLAUF MIT SAUERKRAUT /BACHELOR, 4 P.

Backofen auf 200 °C (Umluft 180 °C) vorheizen. Eine Auflaufform mit Butter einfetten. 800 g Kartoffeln schälen und würfeln. In einem Topf mit Wasser bedecken, mit 1 TL Salz zum Kochen bringen und in 5 Min. garen, dann abgießen und abtropfen lassen. 400 g Kasseler Kotelett ohne Knochen in Würfel schneiden. 2 Äpfel schälen, von Kerngehäusen befreien und würfeln. 770 g Sauerkraut (Dose) in einem Sieb abtropfen lassen. 250 g Schmand mit 1 Ei und 2 EL süßem Senf cremig rühren und mit Salz und Pfeffer würzen. Nacheinander die Hälfte von Kartoffeln, Sauerkraut, Kasseler und Äpfeln in die Auflaufform füllen und mit der zweiten Hälfte genauso verfahren. Den Auflauf mit der Creme bedecken, ca. 30 Min. im Ofen backen und servieren.

FILETSTREIFEN MIT ZUCCHINI-CURRY / BACHELOR, 4 P.

500 g Schweinefilet trocken tupfen und in Streifen schneiden. 4 EL Öl in einer Pfanne erhitzen und das Fleisch darin rundum scharf anbraten. Mit Salz und Pfeffer würzen, aus der Pfanne nehmen und warm stellen. 500 g Zucchini putzen und in 1 cm große Würfel schneiden. In die Pfanne geben und bei hoher Temperatur kurz anbraten. Nacheinander 1 EL Currypulver, 375 ml Gemüsebrühe und 1/8 l Sahne zugeben, aufkochen und zugedeckt bei niedriger Temperatur ca. 8 Min. köcheln lassen. Mit 3 TL Zitronensaft, Salz und Pfeffer würzen. 2 TL Speisestärke mit 2 EL Wasser verrühren, in die Sauce geben und aufkochen. Die Filetstreifen zufügen, mit dem Gemüse vermischen und servieren. **Tipp:** Als Beilage schmeckt dazu Reis am besten.

GRATINIERTE OFENKARTOFFELN* / ERSTSEMESTER, 4 P.

Backofen auf 200 °C (Umluft 180 °C) vorheizen. Ein Backblech mit Butter einfetten. 1 kg Kartoffeln putzen und längs in 1 cm breite Scheiben schneiden. Kartoffeln auf dem Blech verteilen und ca. 25 Min. im Ofen backen (sollten sie dann noch zu fest sein, weitergaren und ggf. gegen zu starkes Bräunen mit Alufolie abdecken). In der Zwischenzeit 400 g Käse in Scheiben, z. B. Gouda, Appenzeller oder Raclette-Käse, auf die Größe der Kartoffelscheiben zuschneiden. Kartoffeln mit Käse belegen und ca. 5 Min. überbacken, bis der Käse zu zerlaufen beginnt. Die Ofenkartoffeln mit Paprikapulver (edelsüß) und getrocknetem Rosmarin würzen und sofort servieren.

PFANNKUCHEN MIT MAIS UND SCHAFSKÄSE* / ERSTSEMESTER, 4 P.

200 g Mehl mit 1 Pck. Backpulver, 3 Eiern, 1/4 l Mineralwasser und 1/2 TL Salz zu einem glatten Teig verrühren und abgedeckt 10 Min. kalt stellen. In der Zwischenzeit 350 g Mais (Dose) in einem Sieb abtropfen lassen. 100 g Feta in Würfel schneiden. 1 Bund glatte Petersilie abbrausen, trocken schütteln und die Blättchen fein hacken. Mais, Feta und Petersilie vorsichtig unter den Teig rühren. 1 EL Öl in einer Pfanne erhitzen, 1/4 des Teigs hineingießen und bei mittlerer Temperatur von beiden Seiten in je 3 Min. goldbraun backen. Pfannkuchen aus der Pfanne nehmen und warm stellen. Die restlichen drei Teigportionen ebenso verarbeiten. Die Pfannkuchen warm servieren. **Tipp:** Dazu passt Tomatensalsa (s. S. 108).

SCHOKOLADENBRATÄPFEL* / ERSTSEMESTER, 4 P.

Backofen auf 180 °C (Umluft 160 °C) vorheizen. Eine Auflaufform mit Butter einfetten. 4 Äpfel waschen und vom Stielansatz abwärts bis zur Hälfte schälen. Kerngehäuse mit einem Ausstecher oder einem langen, scharfen Messer entfernen. Die Äpfel in die Auflaufform setzen und mit je 1 Riegel Bitterschokolade (70 % Kakao) füllen. Ca. 20 Min. backen und mit Schlagsahne oder Vanillesauce servieren.

STEINOBSTSALAT MIT ZITRONENMELISSE /ERSTSEMESTER, 4 P.

2 Pfirsiche und 2 Nektarinen waschen, halbieren, entsteinen und in Spalten schneiden. 2 Äpfel schälen, von Kerngehäusen befreien und ebenfalls in Spalten schneiden. 3 EL Zitronensaft mit 1 EL Honig verrühren und in einer Schüssel mit dem Obst mischen. 1/2 Bund Zitronenmelisse abbrausen und trocken tupfen. Die Blättchen abzupfen, über den Salat streuen und sofort servieren.

Steinobstsalat
mit Zitronenmelisse
S. 58

ARME RITTER / BACHELOR, 4 P.

200 ml Milch mit 2 Eiern, 3 EL Zucker und 1 Prise Zimt verrühren. 4 dicke Scheiben Weißbrot in eine Auflaufform legen und mit der Milchmischung übergießen. Brot darin einweichen lassen, bis die Milch aufgesogen ist. 1 EL Öl und 1 EL Butter in einer großen Pfanne erhitzen und zwei Brotscheiben darin bei mittlerer Hitze unter Wenden in ca. 6 Min. goldbraun braten. Die erste Portion Arme Ritter aus der Pfanne nehmen, halbieren und heiß mit Puderzucker und Apfelmus servieren. Die zweite Portion ebenso zubereiten und servieren.

VANILLE-KOKOS-PUDDING* / ERSTSEMESTER, 4 P.

400 ml Kokosmilch in einem Topf zum Kochen bringen. In der Zwischenzeit 100 ml Milch mit 1 Pck. Vanillepuddingpulver und 4 EL Zucker verrühren. Die kochende Kokosmilch vom Herd nehmen und die Puddingmischung mit einem Schneebesen hineinrühren. Erneut aufkochen und unter Rühren 2 Min. köcheln lassen. Pudding in eine große oder vier kleine Formen füllen und abkühlen lassen. Mit 1 EL Kokos- oder Schokoraspeln bestreuen und servieren.

EINFACHER SCHOKOLADENKUCHEN /ERSTSEMESTER, SPRINGFORM Ø 26 CM

Backofen auf 180 °C (Umluft 160 °C) vorheizen. Die Form mit Butter einfetten und mit Mehl bestäuben. 1 Möhre putzen, schälen und fein raspeln. 300 g Mehl in einer großen Schüssel mit 4 EL ungesüßtem Kakaopulver, 2 TL Backpulver und 1 TL Natron vermischen. Möhre, 250 g Zucker, 100 g weiche Butter, 1 Ei, 1/8 l Milch, 1/8 l heißen, starken Kaffee, 1 EL flüssigen Honig, 1 TL natürliches Vanillearoma, 1 TL Salz, 1/2 TL Lebkuchengewürz und 1/2 TL Zimt zufügen und schnell zu einem glatten Teig verrühren. Teig in die Springform füllen, glatt streichen und ca. 50 Min. backen. Den Schokoladenkuchen in der Form auskühlen lassen und mit 60 g dunkler Schokoladenglasur und 3 EL Schokostreuseln verzieren.

BANANEN-NUSS-MUFFINS* / BACHELOR, 12 STÜCK

Backofen auf 200 °C (Umluft 180 °C) vorheizen. Ein 12er-Muffinblech mit Butter einfetten. 2 Bananen schälen und mit einer Gabel zerdrücken. 75 g Walnusskerne grob hacken. 250 g Mehl mit 1/2 Pck. Backpulver vermengen und in eine Schüssel sieben. 150 g Zucker und 1 Prise Salz untermischen. 2 Eier in einer Schüssel verquirlen und mit 80 ml Öl und 1/8 l Milch verrühren. Eimischung, Bananen und Nüsse zum Mehl geben und vorsichtig unterrühren (nicht zu lange rühren, sonst wird der Teig klebrig und die Muffins gehen nicht gut auf). Den Teig auf die Mulden verteilen und 25–30 Min. backen. Die Muffins aus der Form stürzen, auf einem Rost abkühlen lassen und lauwarm oder kalt servieren.

HEIDELBEER-CRUMBLE / BACHELOR, AUFLAUFFORM (Ø 20 CM)

Backofen auf 180 °C (Umluft 160 °C) vorheizen. Eine Auflaufform mit Butter einfetten. 850 g Heidelbeeren waschen und in einer Schüssel mit 100 g Zucker, 1 TL Zitronensaft und 1 Prise Salz mischen. In die Auflaufform füllen. Für den Crumble 120 g Mandelblättchen grob hacken. 200 g Mehl mit 100 g braunem Zucker, 1 EL Vanillezucker und 1/2 TL Salz vermengen. Die Mandeln und 90 g weiche Butter zufügen und den Teig mit den Händen zu Bröseln kneten. Gleichmäßig auf den Beeren verteilen und in ca. 45 Min. im Ofen backen, bis die Streusel goldbraun sind. Auf einem Kuchengitter etwas abkühlen lassen und den Crumble noch warm servieren.

Heidelbeer-
Crumble
S. 64

SCHOKO-NUSS-TALER* / BACHELOR, 6 STÜCK

Backofen auf 180 °C (Umluft 160 °C) vorheizen. Ein Backblech mit Backpapier auslegen. 60 g gesalzene Erdnüsse und 60 g Bitterschokolade (70 % Kakao) grob hacken. 150 g Mehl und 1 TL Backpulver vermischen und in eine Schüssel sieben. 125 g weiche Butter, 100 g Zucker und 1 Pck. Vanillezucker in einer anderen Schüssel mit dem Handrührgerät cremig rühren. Nacheinander 1 Ei und das Mehl zufügen und alles zu einem glatten Teig verarbeiten. Die Hände mit Mehl bestäuben, den Teig in 6 Portionen teilen und zu Kugeln formen. Diese mit genügend Abstand auf das Blech setzen und flach drücken. Mit Nuss- und Schokostücken bestreuen. Die Taler 15–20 Min. backen, auf einem Rost abkühlen lassen und servieren.

3/ PRÜFUNGSPHASE

BLITZGERICHTE UND NERVENNAHRUNG

REISSALAT »ITALIA« /ERSTSEMESTER, 4 P.

1/2 l Wasser und **1/2 TL Salz** in einem Topf zum Kochen bringen. **250 g Reis** zugeben und zugedeckt bei niedriger Temperatur in ca. 10 Min. garen. In der Zwischenzeit **250 g Cocktailtomaten** waschen, von Stielansätzen befreien und vierteln. **2 Frühlingszwiebeln** putzen und in feine Ringe schneiden. **150 g Feta** in 1 cm große Würfel schneiden. Reis in einem Sieb kalt abschrecken und abtropfen lassen. Mit Tomaten, Frühlingszwiebeln, Feta und **2 EL Kapern (Glas)** in eine Schüssel füllen. **4 EL Olivenöl** mit **2 EL hellem Balsamicoessig, 1 TL Kräuter der Provence, Salz** und **Pfeffer** verrühren und über den Salat träufeln. Alles gut vermengen und servieren.

PAPRIKASALAT MIT FLEISCHWURST /ERSTSEMESTER, 4 P.

2 grüne und **2 rote Paprikaschoten** putzen, von Samen sowie Scheidewänden befreien und in Streifen schneiden. **250 g Fleischwurst** von der Pelle befreien, längs halbieren und quer in feine Streifen schneiden. **250 g rote Zwiebeln** schälen und in Ringe schneiden. Alle Zutaten in eine Schüssel füllen. **2 EL hellen Balsamicoessig, 3 EL Öl, 2 TL mittelscharfen Senf, Salz** und **Pfeffer** verrühren, über den Salat träufeln und untermengen. Den Salat ca. 10 Min. durchziehen lassen, mit Salz und Pfeffer abschmecken und servieren.

NUDEL-THUNFISCH-SALAT* / ERSTSEMESTER, 4 P.

400 g Makkaroni und 1 TL Salz in reichlich kochendes Wasser geben und nach Packungsanweisung garen. In der Zwischenzeit 150 g Thunfisch in Öl (Dose) in eine große Schüssel geben und mit einer Gabel zerpflücken. 190 g Cornichons (Glas) in ein Sieb abgießen (dabei 4 EL Flüssigkeit auffangen), abtropfen lassen und in Scheiben schneiden. 1 Bund Petersilie abbrausen, trocken schütteln und die Blättchen fein hacken. Nudeln in ein Sieb abgießen und unter kaltem Wasser abschrecken. Cornichons, Petersilie und Nudeln zum Thunfisch geben. Den Salat mit Gurkenflüssigkeit und Pfeffer abschmecken, gut vermischen und servieren.

TRAUBENSALAT MIT WALNÜSSEN /ERSTSEMESTER, 4 P.

750 g kernlose grüne und blaue Weintrauben waschen und in einem Sieb abtropfen lassen. In der Zwischenzeit **80 g Walnusskerne** grob hacken und **150 g Gouda** in Würfel schneiden. Trauben von den Stielen zupfen. Alle Zutaten in eine Schüssel geben, vermischen und mit **Salz, Pfeffer** und **2–3 EL Zitronensaft** würzen. Den Salat kurz durchziehen lassen und servieren.

BOHNEN-MAIS-SALAT MIT KÄSE* / ERSTSEMESTER, 4 P.

500 g Kidneybohnen (Dose) und 500 g Mais (Dose) in einem Sieb unter kaltem Wasser abspülen und abtropfen lassen. 150 g Käse (z. B. Gouda oder Edamer) in 1 cm große Würfel schneiden. 2 rote Zwiebeln schälen und in feine Ringe schneiden. Alle Zutaten in eine Schüssel geben. 8 EL Öl mit 4 EL hellem Balsamicoessig, 1 TL Senf, 1 Prise Zucker, Salz und Pfeffer verrühren, über den Salat träufeln und gut untermengen. Den Salat 15 Min. durchziehen lassen, mit Essig, Salz und Pfeffer abschmecken. **Tipp:** Am besten mit Fladenbrot oder Tortilla-Chips servieren.

INDISCHE LINSENSUPPE /BACHELOR, 4 P.

2 Kartoffeln schälen und würfeln. 1 Möhre und 1 Zwiebel schälen und jeweils fein würfeln. 2 EL Butter in einem Topf zerlassen und das Gemüse darin unter Rühren 3 Min. anschwitzen. 250 g rote Linsen abspülen und abtropfen lassen. Mit 1 EL Tomatenmark und 1 TL Paprikapulver (rosenscharf) in den Topf geben und 1 Min. mitbraten. Mit 1/2 TL gemahlenem Kreuzkümmel und Pfeffer würzen. 1 l Gemüsebrühe angießen, alles aufkochen und zugedeckt bei geringer Hitze ca. 15 Min. köcheln lassen. Die Linsensuppe nach Belieben pürieren, mit 1 EL Zitronensaft, 1 TL Zucker, Salz und Pfeffer abschmecken. **Tipp:** Mit Joghurt und Naan- oder Pita-Brot servieren.

FENCHELSUPPE MIT FISCH /BACHELOR, 4 P.

1 kg Fenchel putzen, von Strünken befreien, halbieren und in Streifen schneiden, das Grün beiseitelegen. **2 EL Butter** in einem Topf zerlassen und den Fenchel darin ca. 3 Min. anschwitzen. **3/4 l Gemüsebrühe** angießen, aufkochen und zugedeckt bei niedriger Temperatur 15 Min. köcheln lassen. In der Zwischenzeit 1 l Wasser in einem anderen Topf mit **1 Prise Salz** und **2 Zitronenscheiben** zum Kochen bringen, **500 g Fischfilet** hineingeben und zugedeckt bei geringer Hitze in 8 Min. garen. **1 Bund Dill** abbrausen, trocken schütteln und wie das Fenchelgrün fein hacken. Fisch aus dem Wasser nehmen, in mundgerechte Stücke teilen und in die Suppe geben. Die Suppe mit Kräutern bestreuen und servieren.

PIKANTE TOMATEN-BOHNEN-SUPPE /BACHELOR, 4 P.

1 Bund Suppengrün putzen, waschen und klein schneiden. 2 Zwiebeln und 1 Knoblauchzehe schälen und fein würfeln. 1 Stange Lauch putzen und in Ringe schneiden. 3 EL Öl in einem großen Topf erhitzen. Suppengrün, Zwiebeln und Knoblauch darin anbraten und mit 1 EL Tomatenmark verrühren. Lauch, 150 g grüne Bohnen (TK), 800 g Tomaten in Stücken (Dose), 1/2 TL Sambal oelek und 1 l Gemüsebrühe zufügen. Alles aufkochen und zugedeckt bei mittlerer Hitze 20 Min. köcheln lassen. 400 g Kidneybohnen (Dose) in einem Sieb unter kaltem Wasser abspülen, abtropfen lassen und in der Suppe erhitzen. Die Suppe mit Salz, Pfeffer und Paprikapulver (rosenscharf) abschmecken und servieren.

SPAGHETTI MIT GRÜNEM PESTO /ERSTSEMESTER, 4 P.

500 g Spaghetti und **1 TL Salz** in reichlich kochendes Wasser geben und nach Packungsanweisung garen. In der Zwischenzeit **3 Bund Basilikum** abbrausen, trocken schütteln und die Blättchen abzupfen. **1 Knoblauchzehe** schälen und fein hacken. Basilikum und Knoblauch mit **50 g Pinienkernen, 50 g geriebenem Parmesan** und **12 EL Olivenöl** in einem Mixer zu einer glatten Paste pürieren. Mit **Salz** und **Pfeffer** abschmecken. Nudeln abgießen und gut abtropfen lassen. Die Spaghetti mit dem Pesto servieren.

Spaghetti mit grünem Pesto
S.76

SCHWARZWURZELN MIT SCHINKEN* /ERSTSEMESTER, 4 P.

Backofen auf 180 °C (Umluft 160 °C) vorheizen. 800 g Schwarzwurzeln (Glas) in einem Sieb abtropfen lassen. 250 g Bierschinken in feine Streifen schneiden. Eine Auflaufform mit Butter einfetten und die Schwarzwurzeln gleichmäßig auf dem Boden der Form verteilen. Schinken darüberstreuen. 4 Eier in eine Schüssel schlagen und mit 1 EL Mehl, 150 g Joghurt, 50 g geriebenem Käse, Paprikapulver (edelsüß), Salz und Pfeffer verquirlen. Schwarzwurzeln mit der Eimischung übergießen und ca. 20 Min. backen, bis die Flüssigkeit gestockt ist. Die Schwarzwurzeln aus dem Ofen nehmen und servieren. **Tipp:** Als Beilage Kartoffeln dazu reichen.

STEAK-FRITES MIT KÄSESAUCE /BACHELOR, 4 P.

800 g Pommes frites (TK) im vorgeheizten Backofen nach Packungsanweisung zubereiten. In der Zwischenzeit **300 ml Sahne** in einem Topf erhitzen. **100 g Blauschimmelkäse** in Stücke brechen, zufügen und bei geringer Hitze in der Sahne schmelzen lassen. **4 Rinderfiletsteaks (à 180 g)** trocken tupfen und rundum mit **Salz** und **Pfeffer** würzen. **2 EL Öl** in einer großen Pfanne erhitzen und die Steaks darin von jeder Seite 1 Min. scharf anbraten. Steaks aus der Pfanne nehmen und 2 Min. ruhen lassen. **2 EL Butter** in der Pfanne zerlassen und das Fleisch darin bei mittlerer Temperatur von jeder Seite 3 Min. braten. Die Steaks mit der Käsesauce und den Pommes frites servieren.

FISCH MIT SCHMORGEMÜSE / BACHELOR, 4 P.

400 g junge Möhren und 400 g Staudensellerie schälen bzw. putzen und in Scheiben schneiden. 1 EL Butter in einem Topf zerlassen und das Gemüse darin 5 Min. dünsten. 1/4 l Gemüsebrühe angießen und zugedeckt bei mittlerer Temperatur 5 Min. köcheln lassen. Das Gemüse aus der Brühe nehmen und 100 g Crème fraîche unterrühren. 2 TL Speisestärke mit 2 EL Wasser verrühren und in die Sauce geben. Die Sauce aufkochen und mit 1 EL Zitronensaft, Salz und Pfeffer abschmecken. Gemüse wieder zugeben und erwärmen. 750 g Fischfilet mit 2 EL Zitronensaft beträufeln und mit Salz und Pfeffer würzen. 2 EL Butter in einer Pfanne zerlassen und den Fisch darin bei geringer Hitze unter Wenden ca. 10 Min. braten. 1 Bund Petersilie abbrausen, trocken schütteln und die Blättchen hacken. Das Gemüse mit Petersilie bestreut zum Fisch servieren.

ROTKOHL-APFEL-TOPF MIT WÜRSTCHEN* /ERSTSEMESTER, 4 P.

2 Zwiebeln schälen und fein würfeln. 2 Äpfel schälen, vierteln, von Kerngehäusen befreien und in dünne Spalten schneiden. 250 g Wiener oder Frankfurter Würstchen (Glas) in Scheiben schneiden. 650 g Rotkohl (Glas) mit Zwiebeln, Äpfeln, Würstchen, 1/8 l Gemüsebrühe und 1/8 l Apfelsaft in einen Topf geben, vermengen und aufkochen. Den Rotkohl zugedeckt bei mittlerer Hitze 10 Min. köcheln lassen, mit 1 EL Essig, 1 Msp. gemahlenen Nelken, Salz und Pfeffer würzen. **Tipp:** Mit Kartoffelpüree servieren.

FRÜHLINGSPFANNE MIT REIS* / ERSTSEMESTER, 4 P.

200 g Reis und 1 TL Salz in 1/2 l kochendes Wasser geben. Den Reis zugedeckt bei geringer Hitze in ca. 10 Min. garen, abgießen und abtropfen lassen. In der Zwischenzeit 300 g Brokkoli putzen und in kleine Röschen teilen. 2 Tomaten waschen, von Stielansätzen befreien und würfeln. 1/2 Bund Frühlingszwiebeln putzen und in feine Ringe schneiden. 2 EL Butter in einer Pfanne zerlassen und die Frühlingszwiebeln darin anschwitzen. 3 Thymianzweige, Brokkoliröschen und Tomaten zugeben und unter Wenden 10 Min. braten. Mit Salz und Cayennepfeffer würzen. 1/4 l Sahne unterrühren, aufkochen und bei geringer Hitze 5 Min. köcheln lassen. Die Thymianzweige entfernen und das Gemüse mit Salz und Cayennepfeffer abschmecken. Mit dem Reis servieren.

ZUCCHINI-KICHERERBSEN-GEMÜSE* / ERSTSEMESTER, 4 P.

600 g Kichererbsen (Dose) in einem Sieb unter kaltem Wasser abspülen und abtropfen lassen, dabei 50 ml Flüssigkeit auffangen. **4 kleine Zucchini** putzen und in Scheiben schneiden. **2 Zwiebeln** und **1 Knoblauchzehe** schälen und fein würfeln. **1 Bund Basilikum** abbrausen, trocken schütteln und die Blättchen fein schneiden. **4 EL Öl** in einer großen Pfanne erhitzen und die Kichererbsen darin bei hoher Temperatur 2–3 Min. anbraten. Zwiebeln und Knoblauch zufügen und bei mittlerer Hitze glasig schwitzen. Zucchini zugeben und mit **Salz** und **Pfeffer** würzen. Gemüse bei mittlerer Temperatur in ca. 8 Min. garen, dabei häufig umrühren. **200 g Kräuterfrischkäse** mit der Kichererbsenflüssigkeit zum Gemüse geben, unterrühren und warm werden lassen. Das Gemüse mit Basilikum bestreuen und servieren.

PFIRSICHHÄHNCHEN /BACHELOR, 4 P.

4 halbe Pfirsiche (Dose) klein schneiden. 1 Zwiebel schälen und fein würfeln. 1 EL Butter in einem Topf zerlassen und die Zwiebel darin glasig dünsten. Pfirsiche, 100 ml Weißwein und 100 ml Sahne zufügen und aufkochen. Mit 1 EL Zitronensaft, 1 TL Curry, 1 Prise Zucker, Salz und Pfeffer würzen und alles pürieren. Die Sauce warm stellen. 2 EL Öl in einer Pfanne erhitzen. Darin 4 Hähnchenbrustfilets von beiden Seiten scharf anbraten und bei mittlerer Hitze unter Wenden in 8 Min. garen. Fleisch mit Salz und Pfeffer würzen und auf vier Teller verteilen. Sauce mit Bratenfond aus der Pfanne verrühren, mit Salz, Pfeffer und Zucker abschmecken und zum Fleisch servieren. **Tipp:** Dazu passt Reis als Beilage.

SCHNELLES GURKENGEMÜSE* / ERSTSEMESTER, 4 P.

1 kg Schmorgurken schälen, längs halbieren, mit einem Teelöffel entkernen und klein schneiden. 1 Zwiebel schälen und fein würfeln. 3 EL Öl in einem Topf erhitzen und die Zwiebel darin glasig schwitzen. Gurken und 3–4 TL Currypulver zufügen und zugedeckt bei geringer Hitze 7 Min. dünsten. In der Zwischenzeit 1 Bund Dill abbrausen, trocken schütteln und fein schneiden. Gemüse mit 100 ml Sahne, Zitronensaft, 1 Prise Zucker, Salz und Pfeffer abschmecken. Mit Dill bestreuen und servieren. **Tipp:** Besonders gut schmecken dazu Kartoffelpüree und gebratenes Fischfilet.

ZAZIKI* / ERSTSEMESTER, 2 P.

1 Salatgurke schälen, längs halbieren und mit einem Teelöffel entkernen. Gurke fein würfeln, mit etwas Salz bestreuen und beiseitestellen. 500 g Dickmilch mit 3 EL Olivenöl und 1 EL Essig verrühren. 1 Zwiebel und 2 Knoblauchzehen schälen, sehr fein würfeln und zur Dickmilch geben. Gurke in einem Geschirrtuch ausdrücken, bis kaum noch Flüssigkeit austritt. 1 Bund Dill abbrausen, trocken schütteln und fein hacken. Gurke und Dill in die Dickmilch rühren. Zaziki mit Salz und Pfeffer abschmecken. **Tipp:** Mit Nachos servieren.

Zaziki S. 86

OMELETT* / BACHELOR, 2 P.

1 Bund glatte Petersilie abbrausen, trocken schütteln und die Blättchen fein schneiden. 4 frische Eier mit Petersilie, 1 TL Salz und Pfeffer verquirlen. 1 EL Butter in einer Pfanne zerlassen, die Hälfte der Eimischung hineingießen und bei mittlerer Temperatur 3–4 Min. stocken lassen. Omelett wenden, ca. 1 Min. weiterbraten, auf einen Teller gleiten lassen und warm stellen. Die restliche Eimischung ebenso zubereiten. Die Omeletts warm servieren. **Tipp:** Nach Belieben weitere Zutaten in die Pfanne geben und anbraten, ehe die Eimischung zugegeben wird: z. B. Schinken, Pilze, Tomaten oder Oliven.

CHERRY PANCAKES* /ERSTSEMESTER, 4 P.

350 g Sauerkirschen (Glas) in einem Sieb abtropfen lassen. Nacheinander 125 g Mehl, 125 g Speisestärke und 2 TL Backpulver in eine Schüssel sieben. 4 Eier, 375 ml Milch und 1 Prise Salz zufügen und alles zu einem glatten Teig verrühren. Kirschen zugeben und vorsichtig unterrühren. 1 TL Butter in einer Pfanne zerlassen und 1/4 des Teigs darin bei mittlerer Hitze von beiden Seiten goldbraun backen. Pfannkuchen aus der Pfanne nehmen und warm stellen. Mit den übrigen drei Teigportionen ebenso verfahren. Die Pancakes mit Puderzucker bestäuben und servieren.

ZWETSCHGENKNÖDEL IN BRÖSELBUTTER /MASTER, 6 P.

12 Zwetschgen waschen und entsteinen. 500 g gekochte Kartoffeln vom Vortag pellen und zerstampfen. Mit 1 Eigelb, 80 g Mehl, 30 g Grieß, 60 g Quark und 1 Prise Salz verkneten. 12 Knödel formen und mit je einer Zwetschge füllen. In leicht gesalzenem, köchelndem Wasser 5–8 Min. ziehen lassen. Mit einem Schaumlöffel herausnehmen, abtropfen lassen und beiseitestellen. 50 g Butter in einer Pfanne erhitzen, bis sie zu schäumen beginnt. 50 g Semmelbrösel, Zimt und Zucker nach Belieben sowie das Mark von 1 Vanilleschote zufügen. Knödel darin wälzen. Sofort servieren.

GEBRATENE BANANEN* / BACHELOR, 4 P.

4 Bananen schälen, in je zwei gleich große Stücke schneiden und diese längs halbieren. 3 EL Butter in einer großen Pfanne zerlassen und 3 EL braunen Zucker darin bei mittlerer Temperatur unter Rühren karamellisieren lassen. Bananen zugeben und von jeder Seite ca. 2 Min. anbraten. 8 EL Orangen- oder Mangosaft und 1 EL Zitronensaft in die Pfanne geben und das Obst darin ca. 2 Min. ziehen lassen. Die gebratenen Bananen mit dem Sirup auf vier Schälchen verteilen, nach Belieben mit je 1 TL Kokosraspeln bestreuen und servieren.

MILCHREIS MIT BIRNENKOMPOTT / BACHELOR, 4 P.

125 g Milchreis, 600 ml Milch, 2 Zitronenzesten und **1 Prise Salz** in einem Topf aufkochen und zugedeckt bei geringer Hitze 30–35 Min. quellen lassen, dabei häufig umrühren. In der Zwischenzeit **4 EL gehobelte Mandeln** in einer Pfanne ohne Fett bei mittlerer Hitze goldbraun rösten. **2 Birnen** schälen, vierteln, von Kerngehäusen befreien und würfeln. **50 g Zucker** in einem Topf leicht karamellisieren lassen. Die Birnenwürfel zugeben, alles gut umrühren und mit 70 ml Wasser ablöschen. **1 Vanilleschote** längs aufschneiden, das Mark herauskratzen und beides zufügen. Aufkochen und zugedeckt bei geringer Hitze ca. 15 Min. dünsten. Dann die Vanilleschote entfernen und die Mandeln vorsichtig unterheben. Die Zitronenzesten entsorgen und den Milchreis auf Schälchen verteilen, mit Birnenkompott servieren.

Milchreis mit Birnenkompott

S. 92

SCHNELLE OBSTKÜCHLEIN* /ERSTSEMESTER, 4 P.

Backofen auf 200 °C (Umluft 180 °C) vorheizen. Backblech mit Backpapier auslegen. **2 Platten Blätterteig (TK)** auftauen lassen. **2 Birnen oder 2 säuerliche Äpfel** schälen, vierteln, von Kerngehäusen befreien und in dünne Spalten schneiden. Teigplatten halbieren und mit Abstand zueinander auf das Backpapier legen. Apfel- oder Birnenspalten leicht überlappend auf den Teigstücken verteilen. Die Küchlein mit je **1 TL Zucker** bestreuen und ein paar **Butterflöckchen** obenauf setzen. Ca. 15 Min. backen, bis der Teig goldbraun ist. **Tipp:** Noch warm mit Sahne oder Vanilleeis servieren.

BIRNEN-BANANEN-DRINK / ERSTSEMESTER, 4 P.

8 reife Birnen schälen, vierteln, von Kerngehäusen befreien und klein schneiden. 2 große Bananen schälen und in Scheiben schneiden. Birnen, Bananen und 4 EL Zitronensaft im Mixer schnell zu einer cremigen Masse pürieren. Den Drink nach Belieben mit Crushed Ice oder Wasser vermischen, auf vier große Gläser verteilen und servieren.

TRAUBEN-MILCHSHAKE /ERSTSEMESTER, 4 P.

400 ml Milch in ein großes, hohes Gefäß geben. 200 ml roten Traubensaft, 200 ml Orangensaft, 4 Eigelb und 4 TL Traubenzucker zufügen und mit einem Schneebesen kräftig verquirlen. Den Milchshake durch ein feines Sieb in vier große Gläser gießen. 3–4 Eiswürfel in jedes Glas geben und die Shakes sofort servieren.

4/ WG-PARTY

FESTES UND FLÜSSIGES FÜR FEIERWÜTIGE

WURST-KÄSE-SALAT /ERSTSEMESTER, 8 P.

400 g Emmentaler würfeln. **600 g Geflügelfleischwurst** von der Pelle befreien und in dünne Scheiben schneiden. **150 g Cornichons** würfeln. **1 Bund Frühlingszwiebeln** putzen und in feine Ringe schneiden. **1 Bund Schnittlauch** abbrausen, trocken schütteln und in Röllchen schneiden. Käse, Wurst, Cornichons und Frühlingszwiebeln in eine Schüssel füllen. **7 EL Öl** mit 3 EL Wasser, **3 EL hellem Balsamicoessig, 2 TL mittelscharfem Senf, 1 Prise Zucker, Salz** und **Pfeffer** verrühren, über den Salat gießen und gut untermengen. Den Salat 1 Std. durchziehen lassen, mit Schnittlauch bestreuen und servieren.

HERINGSSALAT MIT ROTER BETE /ERSTSEMESTER, 8 P.

8 Matjesfilets kurz unter kaltem Wasser abspülen, trocken tupfen und in 1 cm breite Streifen schneiden. **100 g Senfgurken (Glas)** und **4 gekochte Rote Bete** in Scheiben schneiden. **1 Zwiebel** und **2 Äpfel** schälen und fein würfeln. Alle Zutaten in eine Schüssel füllen und vermengen. **4 TL Weißweinessig** mit **1 TL Senf, 100 g Schmand, 2 TL Zucker, Salz** und **Pfeffer** verrühren, über den Salat geben und gut vermischen. Den Salat mind. 1 Std. durchziehen lassen. In der Zwischenzeit **1 Bund Dill** abbrausen, trocken schütteln und fein hacken. Den Salat mit Dill bestreuen und servieren.

INSALATA CAPRESE* / ERSTSEMESTER, 6 P.

500 g Cocktailtomaten waschen und halbieren. **300 g Mozzarella** in einem Sieb abtropfen lassen und in Stücke zupfen. **1 Bund Basilikum** abbrausen, trocken tupfen und die Blättchen abzupfen. Tomaten und Mozzarella in eine Schüssel geben oder abwechselnd und überlappend auf einem großen Teller anrichten. Salat mit **Salz** und **Pfeffer** würzen und mit **Olivenöl** und **nach Belieben** mit etwas **hellem Balsamicoessig** beträufeln. Den Salat mit Basilikum garnieren. **Tipp:** Mit Ciabatta servieren.

Insalata Caprese
S. 100

KARTOFFELSALAT MIT SPECK* / ERSTSEMESTER, 6-8 P.

1,5 kg Kartoffeln in einem Topf mit Wasser bedecken, mit **1 TL Salz** aufkochen und zugedeckt bei mittlerer Hitze in ca. 20 Min. garen. In der Zwischenzeit **3 Zwiebeln** schälen und fein würfeln. **1 Bund Schnittlauch** abbrausen, trocken schütteln und in Röllchen schneiden. **100 g Speck** würfeln und in einer Pfanne ohne Fett bei mittlerer Temperatur knusprig braten. Zwiebeln, **200 ml heiße Gemüsebrühe** und **7 EL Essig** zugeben und auf dem ausgeschalteten Herd 4 Min. ziehen lassen. Kartoffeln abgießen, kalt abschrecken, pellen und in Scheiben schneiden. In einer Schüssel vorsichtig mit der Specksauce und **100 ml Öl** vermengen. Den Salat mit **Salz, Pfeffer** und **Essig** abschmecken, mit Schnittlauch bestreuen und lauwarm oder kalt servieren.

GRIECHISCHER SALAT /ERSTSEMESTER, 8 P.

2 Salatgurken schälen, längs halbieren, mit einem Teelöffel von Kernen befreien und würfeln. **750 g Cocktailtomaten** waschen, halbieren und von Stielansätzen befreien. **3 rote Zwiebeln** schälen, halbieren und in Scheiben schneiden. **300 g Feta** würfeln. Alle Zutaten mit **4 EL schwarzen Oliven ohne Stein (Glas)** in eine Schüssel füllen. **10 EL Olivenöl** mit **6 EL Weißweinessig, 1/2 TL Zucker, Salz** und **Pfeffer** verrühren und über den Salat träufeln. Den Salat mit dem Dressing vermischen und servieren. **Tipp:** Dazu leckeres Fladenbrot reichen.

LAUCHSUPPE MIT HACKFLEISCH UND KÄSE /ERSTSEMESTER, 8 P.

1,5 kg Lauch putzen und in feine Ringe schneiden. **5 EL Öl** in einem großen Topf erhitzen und **750 g gemischtes Hackfleisch** darin bei hoher Temperatur unter Rühren krümelig braten. Fleisch mit **1 TL Paprikapulver (edelsüß), Salz** und **Pfeffer** würzen. Lauch zugeben und 3 Min. mitbraten. **1,5 l Gemüsebrühe** angießen, aufkochen und zugedeckt bei mittlerer Hitze ca. 15 Min. köcheln lassen. **100 g Sahne-, 100 g Kräuter- und 100 g Champignon-Schmelzkäse** in die Suppe geben und bei geringer Hitze unter Rühren schmelzen lassen. Die Suppe mit Salz und **Cayennepfeffer** abschmecken und servieren.

BIERSUPPE* / ERSTSEMESTER, 8 P.

800 g Kartoffeln schälen und würfeln. **2 Knoblauchzehen** schälen und fein hacken. **2 Bund Frühlingszwiebeln** putzen und in Ringe schneiden. **150 g Speck** fein würfeln und in einem Topf bei mittlerer Hitze knusprig braten. Kartoffeln, Knoblauch und Frühlingszwiebeln zufügen und 2–3 Min. mitbraten. **1 l Gemüsebrühe** und **1/2 l Bier** angießen. Suppe mit **Salz** und **Pfeffer** würzen, aufkochen und zugedeckt bei geringer Hitze 15 Min. köcheln lassen. In der Zwischenzeit **1 Bund Schnittlauch** abbrausen, trocken schütteln und in Röllchen schneiden. **200 g Crème fraîche** mit **2 Eigelb** verquirlen und in die Suppe rühren. Die Suppe vom Herd nehmen, mit Schnittlauch bestreuen und servieren.

BACKOFENKARTOFFELN MIT SOUR CREAM* / ERSTSEMESTER, 8 P.

Backofen auf 200 °C (Umluft 180 °C) vorheizen. Zwei Backbleche mit **Öl** bepinseln und mit **Salz** bestreuen. Auf einem Blech **4 EL Kümmel,** auf dem anderen **4 EL Sesamsamen** verteilen. **2 kg Kartoffeln** putzen, längs halbieren, auf der Oberseite mit einem scharfen Messer mehrmals einschneiden und mit der Schnittfläche auf die Bleche setzen. **30 g Butter** zerlassen und auf die Kartoffeln pinseln. Kartoffeln im Ofen in 25–30 Min. garen. In der Zwischenzeit **2 Bund Schnittlauch** und **je 1 Bund Dill und Petersilie** abbrausen, trocken schütteln und fein schneiden. **800 g Schmand** in eine Schüssel geben und cremig rühren. Kräuter und **Pfeffer** zufügen und unterrühren. Die Kartoffeln mit der Sour Cream servieren.

HACKFLEISCH-ROULADE / BACHELOR, 6–8 P.

Backofen auf 200 °C (Umluft 180 °C) vorheizen. Eine Auflaufform mit **Butter** einfetten. **1 Zwiebel** schälen und fein würfeln. **750 g gemischtes Hackfleisch** mit Zwiebel, **2 Eiern, 1 TL Senf, Salz** und **Pfeffer** vermischen. **285 g Sauerkraut (Dose)** abtropfen lassen. **80 g eingelegte Paprika (Glas)** würfeln. Beides vermischen und mit **1 TL gemahlenem Kümmel, 1 TL Salz, 1 Prise Zucker** und **Pfeffer** würzen. **2 EL Paniermehl** auf einem Stück Backpapier verteilen. Hackfleisch darauf zu einem DIN-A4-großen Rechteck flach drücken und Sauerkraut auf die untere Hälfte der Längsseite geben. Das Fleisch mithilfe des Backpapiers zu einer Roulade formen und in die Auflaufform legen. Mit **100 g Baconstreifen** belegen. Die Roulade im unteren Drittel des Ofens ca. 45 Min. backen und servieren.

TOMATENSALSA / BACHELOR, 8 P.

1 kg Fleischtomaten waschen, halbieren, von Stielansätzen und Kernen befreien und würfeln. **1 rote Zwiebel** und **2 Knoblauchzehen** schälen und fein würfeln. **2 Chilischoten** waschen, längs halbieren, von Samen befreien und fein hacken. **1/2 Bund glatte Petersilie** abbrausen, trocken tupfen und die Blättchen ebenfalls fein hacken. Alle Zutaten in eine Schüssel geben und vermengen. Mit **2 EL Zitronensaft, Salz, Pfeffer** und **1 Prise Zucker** würzen und mit **4 EL Olivenöl** verrühren. Die Salsa zugedeckt mind. 1 Std. im Kühlschrank ziehen lassen. Mit geröstetem Baguette servieren. **Tipp:** Statt Zitronensaft und Petersilie kann man auch Limettensaft und Koriander verwenden.

Tomatensalsa
S. 108

SCHINKEN-KÄSE-TALER /BACHELOR, 8 P.

Backofen auf 190 °C (Umluft 170 °C) vorheizen. Ein Backblech mit Backpapier auslegen. **1 Zwiebel** schälen. Zwiebel, **100 g Schinken** und **100 g Bergkäse** fein würfeln. **1/2 Bund Petersilie** abbrausen, trocken schütteln und fein schneiden. **1 EL Öl** erhitzen und die Zwiebel darin glasig schwitzen. Schinken 3 Min. mitbraten, dann leicht abkühlen lassen. Käse und Petersilie unterrühren. **250 g Mehl** und **1 Pck. Backpulver** vermischen und mit **125 g Magerquark, 3 EL Milch, 4 EL Öl, 1 Ei** und **1 Prise Salz** zu einem Teig verarbeiten. Mit der Schinkenmischung vermengen. Die Arbeitsfläche mit **Mehl** bestäuben und den Teig ca. 1 cm dick ausrollen. Mit einem Glas Taler ausstechen und auf das Backpapier legen. **1 Eigelb** mit **1 EL Sahne** verquirlen und die Taler damit bestreichen. 15–20 Min. im Ofen backen und servieren.

ANANASSALAT MIT RUM / BACHELOR, 8 P.

1 große Ananas (ca. 1,5 kg) schälen, vom Strunk befreien und das Fruchtfleisch in mundgerechte Stücke schneiden. 300 g Erdbeeren oder kernlose Weintrauben waschen und vierteln oder halbieren. 200 g Quark mit 100 ml Kokosmilch (Dose), 6 EL weißem Rum, 4 EL braunem Zucker und 4 EL Limettensaft cremig rühren. Obst in eine Schüssel füllen und gut mit der Quarkcreme vermischen. Den Salat sofort servieren.

TIRAMISU / ERSTSEMESTER, AUFLAUFFORM (20 X 30 CM)

250 g Mascarpone mit **250 g Sahnequark oder Crème double, 150 ml Milch, 7 EL Zucker, 1 Pck. Vanillezucker** und **2 EL Amaretto** cremig rühren. **200 ml kalten, starken Espresso** mit **2 EL Amaretto** mischen. Eine Auflaufform mit **100 g Löffelbiskuits** auslegen. Die Hälfte der Espressomischung darüberträufeln und die Hälfte der Creme darauf verteilen. **100 g Löffelbiskuits** darüberschichten, mit dem Rest der Espressomischung beträufeln und mit der restlichen Creme bestreichen. Form mit Frischhaltefolie abdecken und mind. 4 Std. oder über Nacht kalt stellen. Das Tiramisu mit **3 EL ungesüßtem Kakaopulver** bestäuben und servieren.

Tiramisu

S. 112

AMERIKANER* / BACHELOR, 8 STÜCK

Backofen auf 175 °C (Umluft 160 °C) vorheizen. Ein Backblech mit Backpapier auslegen. **125 g weiche Butter** und **180 g Zucker** in einer Schüssel cremig rühren. **3 Eier** zugeben und schaumig schlagen. **380 g Mehl** und **2 TL Backpulver** mischen, mit **1 Prise Salz** in die Schüssel geben und unterrühren. Nach und nach **Milch (max. 1/8 l)** einrühren, bis ein dickflüssiger Teig entsteht. Den Teig löffelweise mit reichlich Abstand zueinander auf das Backpapier setzen, ggf. leicht flach drücken und im Ofen ca. 25 Min. backen. Amerikaner auf einem Rost abkühlen lassen. In der Zwischenzeit **250 g Puderzucker** mit 5 EL Wasser glatt rühren und gleichmäßig auf den warmen Amerikanern verteilen. Die Amerikaner auskühlen lassen und servieren.

KIR /ERSTSEMESTER, 6 P.

6 cl Crème de Cassis (Johannisbeerlikör) gleichmäßig auf sechs Gläser verteilen. Gläser mit je 9 cl eiskaltem trockenem Weißwein auffüllen, nach Belieben mit je 1 Rispe Roten Johannisbeeren garnieren und servieren.

CAIPIRINHA / BACHELOR, 6 P.

6 Bio-Limetten unter heißem Wasser waschen, trocken reiben und in Achtel schneiden. Limetten mit **6 EL braunem Rohrzucker** in eine Karaffe geben und zerdrücken. Karaffe zur Hälfte mit **Crushed Ice** füllen. **30 cl Cachaça** zugeben und die Karaffe bis oben mit Crushed Ice auffüllen. Den Cocktail gut umrühren, auf sechs Gläser verteilen und servieren.

BLOODY MARY /ERSTSEMESTER, 6 P.

600 ml kalten Tomatensaft mit **30 cl kaltem Wodka, 12 Spritzern Worcestersauce, 12 Spritzern Zitronensaft, 6 Spritzern Tabascosauce, Salz** und **Pfeffer** in eine Karaffe geben und kräftig verrühren. Den Cocktail auf 6 Longdrinkgläser verteilen und servieren.

CUBA LIBRE /ERSTSEMESTER, 6 P.

3 Bio-Limetten unter heißem Wasser waschen, trocken reiben und in Stücke schneiden. Limetten über einer Karaffe auspressen und hineingeben. **24 cl weißen Rum** zufügen und umrühren. **12–18 Eiswürfel** zugeben und mit **600 ml Cola** auffüllen. Den Cocktail umrühren, auf sechs Gläser verteilen und servieren.

5/ UNISPORT

LEICHTES AUS OBST UND GEMÜSE

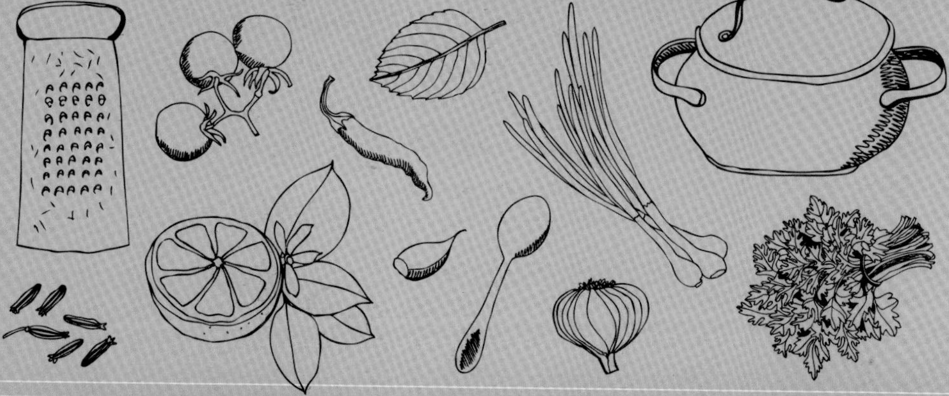

HÄHNCHENSALAT MIT CASHEWKERNEN / BACHELOR, 4 P.

1 Knoblauchzehe schälen und fein hacken. Mit **1 EL Limettensaft, 2 EL Sojasauce, 1 TL Weißweinessig, 2 TL Honig** und **1 Prise weißem Pfeffer** verrühren und beiseitestellen. **6 Frühlingszwiebeln** putzen und in Ringe schneiden. **100 g Sojasprossen (Glas)** waschen und abtropfen lassen. **4 Hähnchenbrustfilets** kalt abspülen, trocken tupfen und in Streifen schneiden. **3 EL Sesamöl** in einer Pfanne erhitzen und das Fleisch von allen Seiten ca. 5 Min. braten. Die Frühlingszwiebeln kurz mitbraten. **1 kleinen Chinakohl** waschen und klein schneiden. **1 Bund Petersilie** abbrausen, trocken tupfen und grob hacken. In einer Schüssel alle vorbereiteten Zutaten mit dem Dressing vermengen. Mit **70 g gerösteten und gesalzenen Cashewkernen** und **30 g Kürbiskernen** bestreut servieren.

Hähnchensalat mit Cashewkernen

S. 120

PAPRIKA-TOMATEN-SALAT /BACHELOR, 4 P.

1 gelbe, 1 rote und 1 grüne Paprikaschote waschen, halbieren, von Samen sowie Scheidewänden befreien und würfeln. 2 Tomaten waschen, von Stielansätzen befreien und klein schneiden. 1 Orange mit einem scharfen Messer schälen (dabei auch die weiße Haut entfernen) und in Spalten schneiden. Alle Zutaten in eine Schüssel geben und vermischen. 3 EL Öl mit 2 EL Apfelessig, 1 TL flüssigem Honig und Salz verrühren und über den Salat träufeln. Den Salat gut vermengen und servieren.

WEISSKOHLSALAT* / BACHELOR, 4 P.

1 Weißkohl (ca. 1 kg) putzen und vierteln. Kohlviertel vom Strunk befreien und in feine Streifen schneiden. In einem großen Topf reichlich Wasser und 1 EL Salz zum Kochen bringen. Topf vom Herd nehmen, Kohl hineingeben und 3 Min. im heißen Wasser ziehen lassen. In der Zwischenzeit 1 Bund glatte Petersilie abbrausen, trocken schütteln und fein hacken. Kohl in ein Sieb abgießen, gut abtropfen lassen und in eine Schüssel füllen. 6 EL Essig mit 3 EL Öl, 2 TL süßem Senf, Salz und Pfeffer verrühren und über den Kohl träufeln. Petersilie und 100 g Studentenfutter zufügen und alles gut vermengen. Den Salat mit Salz und Pfeffer abschmecken und servieren.

EICHBLATTSALAT MIT PUTENBRUST /BACHELOR, 4 P.

2 EL Öl in einer Pfanne erhitzen und **300 g Putenbrustfilet** darin bei mittlerer Hitze unter Wenden ca. 5 Min. braten. Fleisch aus der Pfanne nehmen und in Streifen schneiden. **100 g Bergkäse oder Gouda** und **100 g Kochschinken** würfeln. **300 g Tomaten** waschen, von Stielansätzen befreien und vierteln. **500 g Eichblattsalat** waschen, trocken schleudern und die Blätter klein zupfen. Alle Zutaten in eine Schüssel füllen. **150 g Joghurt** mit **2 EL Tomatenketchup, 1 TL Senf, Salz** und **Pfeffer** verrühren und über den Salat geben. Den Salat mit dem Dressing vermischen und servieren. **Tipp:** Ein paar Scheiben leckeres Bauernbrot dazu reichen.

TOMATENSALAT MIT SCHAFSKÄSE* / ERSTSEMESTER, 4 P.

1 kg Tomaten waschen, von Stielansätzen befreien und achteln. **250 g Schafskäse** in Würfel schneiden. Tomaten und Käse in eine Schüssel füllen. **1 Bund Petersilie** abbrausen, trocken schütteln, die Blättchen abzupfen und zugeben. **5 EL Olivenöl** mit **2 EL Zitronensaft, Salz** und **Pfeffer** verrühren und über den Salat träufeln. Alles vorsichtig vermengen. **Tipp:** Mit Fladenbrot servieren.

ZWIEBELSUPPE / BACHELOR, 4 P.

750 g Zwiebeln schälen und in feine Ringe schneiden. **1 säuerlichen Apfel** schälen, vierteln, vom Kerngehäuse befreien und in kleine Würfel schneiden. **3 Stängel Thymian** und **5 Stängel Petersilie** abbrausen, trocken tupfen, die Blättchen abzupfen und hacken. **3 EL Butter** in einem Topf zerlassen und die Zwiebeln darin bei mittlerer Hitze ca. 7 Min. anschwitzen. Apfel zugeben und kurz mitdünsten. Mit **1 EL Mehl** bestäuben. **1 l Gemüsebrühe** und **1/4 l Weißwein** angießen. Suppe mit Thymian, **Pfeffer** und ggf. **Salz** würzen, aufkochen und zugedeckt bei geringer Hitze 20 Min. köcheln lassen. Die Suppe mit Petersilie bestreuen. **Tipp:** Mit Baguette servieren.

Zwiebelsuppe S. 126

GURKEN-DILL-SUPPE* / MASTER, 4 P.

2 Salatgurken schälen, längs halbieren und fein würfeln. **1 Zwiebel** schälen und ebenfalls fein würfeln. **3 EL Butter** in einem Topf zerlassen und die Zwiebel darin glasig schwitzen. **3 EL Mehl** zugeben und unter Rühren goldbraun werden lassen. Nach und nach **1 l Gemüsebrühe** zufügen, dabei häufig umrühren. Gurken zugeben, aufkochen und 3 Min. köcheln lassen. Die Suppe vom Herd nehmen und zugedeckt 10 Min. ziehen lassen. In der Zwischenzeit **1 Bund Dill** abbrausen, trocken schütteln und fein schneiden. **200 g Sahne** mit **2 Eigelb** verrühren. Die Suppe mit **1 TL Zucker, Salz** und **Pfeffer** würzen und mit der Sahnemischung und dem Dill verrühren. Noch einmal erhitzen (aber nicht kochen lassen) und servieren. **Tipp:** Nach Belieben mit Croûtons garnieren.

SPIRELLI MIT ERBSEN-ZUCCHINI-GEMÜSE /BACHELOR, 4 P.

400 g Spirelli und 1 TL Salz in reichlich kochendes Wasser geben und nach Packungsanweisung garen. 350 g Erbsen (TK) 8 Min. vor Ende der Garzeit zugeben und mitkochen. In der Zwischenzeit 3 Zucchini putzen, längs halbieren und klein schneiden. 200 g Speck würfeln. 2 Knoblauchzehen schälen und fein hacken. 1 Bio-Zitrone heiß waschen, trocken reiben und die Schale fein abreiben. Erbsen und Nudeln abgießen und abtropfen lassen. Speck in einer Pfanne knusprig braten. Knoblauch zugeben und kurz andünsten. Zucchini und Zitronenabrieb zufügen und bei mittlerer Hitze unter Rühren ca. 8 Min. braten. Nudeln, Erbsen und Zucchini-Mischung vermengen und mit Salz und Pfeffer würzen. Die Spirelli mit 100 g geriebenem Parmesan bestreuen und servieren.

CURRY-SCHMORFISCH / ERSTSEMESTER, 4 P.

750 g Fischfilet kalt abspülen, trocken tupfen und mit dem **Saft von 1 Zitrone** beträufeln. Fisch mit **Salz** und **Pfeffer** bestreuen, in mundgerechte Stücke schneiden und abgedeckt beiseitestellen. **3 Zwiebeln** schälen und in Ringe schneiden. **2 Äpfel** schälen, vierteln, von Kerngehäusen befreien und in Scheiben schneiden. **2 EL Butter** in einem Topf zerlassen und die Zwiebeln darin bei mittlerer Temperatur goldbraun braten. Äpfel zufügen und 4 Min. mitdünsten. Nacheinander **1 EL Currypulver** und **100 ml Gemüsebrühe** zugeben und aufkochen. **2 TL Speisestärke** mit **2 EL Sahne** verrühren und in die Sauce geben. Fisch zufügen und zugedeckt bei geringer Hitze in ca. 15 Min. garen. Den Schmorfisch mit **1 Prise Zucker**, Curry, Salz und Pfeffer abschmecken und servieren **Tipp:** Dazu passt Reis als Beilage.

ÜBERBACKENER ROSENKOHL* / ERSTSEMESTER, 4 P.

Backofen auf 220 °C (Umluft 200 °C) vorheizen. Eine Auflaufform mit **Butter** einfetten. **1 kg Rosenkohl** putzen und die Strunkenden kreuzförmig einschneiden. Kohl in einem Topf mit Wasser bedecken, aufkochen und zugedeckt bei mittlerer Hitze in ca. 8 Min. garen. Den Rosenkohl abgießen und abtropfen lassen. **100 g geriebenen Gouda** mit **25 g geriebenem Parmesan** und **2 EL Semmelbröseln** vermischen. Rosenkohl in die Form geben und mit der Käsemischung bestreuen. **30 g Butterflöckchen** auf dem Kohl verteilen. Im Ofen 15–20 Min. backen, bis der Käse goldbraun ist. **Tipp:** Mit Kartoffelpüree servieren.

PAPRIKA-ZWIEBEL-GEMÜSE* / ERSTSEMESTER, 4 P.

2 grüne und 2 gelbe Paprikaschoten halbieren, von Samen sowie Scheidewänden befreien und in Rauten schneiden. **250 g Zwiebeln** schälen und in Scheiben schneiden. **1 Knoblauchzehe** schälen und fein würfeln. **1 Bio-Zitrone** heiß waschen, trocken reiben, die Schale fein abreiben und den Saft auspressen. **4 EL Öl** erhitzen und das Gemüse darin bei mittlerer Temperatur 3 Min. anschwitzen. Mit Zitronensaft und -abrieb, **1 TL getrocknetem Thymian, Salz** und **Pfeffer** würzen und zugedeckt bei geringer Hitze in 20 Min. garen. In der Zwischenzeit **1 Bund Petersilie** abbrausen, trocken schütteln und hacken. **2 EL Öl** in einer Pfanne erhitzen und **4 Eier** darin bei mittlerer Temperatur 3–5 Min. braten. Eier mit Salz, Pfeffer und **Paprikapulver (edelsüß)** würzen. Das Gemüse mit Petersilie bestreuen und mit Spiegeleiern servieren.

GEMÜSE-WOK MIT HÄHNCHEN UND ERDNÜSSEN / BACHELOR, 4 P.

600 g Hähnchenbrustfilets kalt abspülen, trocken tupfen und in Streifen schneiden. **3 cm Ingwer** und **2 Knoblauchzehen** schälen und fein hacken. Zutaten mit **1 TL Sambal oelek** vermengen. **2 rote Paprikaschoten** putzen, halbieren, von Samen sowie Scheidewänden befreien und in Streifen schneiden. **500 g Brokkoli** putzen und in Röschen teilen. **2 EL Öl** im Wok erhitzen. Fleisch und Paprika in zwei Portionen bei hoher Temperatur unter ständigem Rühren je 3 Min. braten (für die 2. Portion **1 zusätzlichen EL Öl** in den Wok geben). Brokkoli mit **5 EL Austernsauce (Asienladen)** und 150 ml Wasser unter Rühren 5 Min. braten. Das Fleisch zugeben, mit **75 g gerösteten ungesalzenen Erdnüssen** bestreuen und den Gemüse-Wok servieren.

WIRSINGTOPF MIT SPECK / BACHELOR, 4 P.

1 Wirsing putzen und vierteln. Strunk entfernen und den Wirsing in Streifen schneiden. **2 EL Butter** in einem Topf zerlassen und den Wirsing darin 3 Min. anbraten, mit **Salz** und **Pfeffer** würzen. **300 ml Gemüsebrühe** und **200 ml Sahne** zufügen, aufkochen und zugedeckt bei geringer Hitze in ca. 15 Min. garen. In der Zwischenzeit **200 g Speck** würfeln und in einer Pfanne knusprig braten. **4 Eier** in kochendem Wasser bei mittlerer Hitze in 8 Min. garen. Eier abgießen, abschrecken und pellen. Den Wirsing vom Herd nehmen, **2 Eigelb** verquirlen und unterrühren. **1 Bund Schnittlauch** abbrausen, trocken schütteln und in Röllchen schneiden. Den Wirsing mit Speck und Schnittlauch bestreuen, mit Salz und Pfeffer abschmecken und mit den Eiern servieren. **Tipp:** Dazu passen Kartoffeln.

GEBACKENES GEMÜSE MIT POLENTA* / ERSTSEMESTER, 4 P.

Backofen auf 220 °C (Umluft 200 °C) vorheizen. **1 gelbe und 1 rote Paprikaschote** putzen, halbieren, von Samen sowie Scheidewänden befreien und in Streifen schneiden. **500 g Tomaten** waschen, von Stielansätzen befreien und vierteln. **2 Zucchini** und **3 Möhren** putzen bzw. schälen und in Scheiben schneiden. **2 Zwiebeln** und **3 Knoblauchzehen** ebenfalls schälen und fein würfeln. Alle Zutaten in eine Auflaufform füllen, mit **1 EL Kräuter der Provence, 1 EL Zucker** und **Salz** würzen und vermengen. Gemüse mit **100 ml Olivenöl** beträufeln und im Ofen unter gelegentlichem Wenden ca. 35 Min. braten. In der Zwischenzeit **600 ml Gemüsebrühe** aufkochen, **200 g Polenta** zufügen und bei geringer Hitze unter Rühren in 10 Min. garen. Polenta mit **1 TL Butter** vermischen. Das Gemüse mit der Polenta servieren.

FISCHRAGOUT / BACHELOR, 4 P.

500 g Kartoffeln schälen und würfeln. 750 g Möhren schälen und in Scheiben schneiden. 2 EL Butter in einem großen Topf zerlassen und die Kartoffeln darin 3 Min. braten. Möhren zugeben und mit Salz und Pfeffer würzen. 375 ml Gemüsebrühe und 200 ml Sahne zufügen, aufkochen und zugedeckt bei geringer Hitze 12–15 Min. köcheln lassen. In der Zwischenzeit 1 Bund Frühlingszwiebeln putzen und in Ringe schneiden. Frühlingszwiebeln 5 Min. vor Ende der Garzeit zum Gemüse geben. 500 g Fischfilet waschen, trocken tupfen und in mundgerechte Stücke schneiden. Gemüse mit Salz und Pfeffer abschmecken. 2 TL Speisestärke mit 2 EL Wasser verrühren, zum Gemüse geben und aufkochen. Fisch zugeben und 5 Min. ziehen lassen. 1 Bund Dill abbrausen, trocken schütteln und fein schneiden. Das Ragout mit Dill bestreuen und servieren.

GEMÜSE MIT DIPS / BACHELOR, 4 P.

300 g Möhren schälen und in Stifte schneiden. **300 g Staudensellerie** putzen und in Streifen schneiden. **300 g gelbe Paprikaschoten** waschen, halbieren, von Samen sowie Scheidewänden befreien und in Streifen schneiden. **1 Knoblauchzehe** schälen und fein würfeln. **1 Bund Schnittlauch** abbrausen, trocken schütteln und in Röllchen schneiden. **200 g Crème fraîche** mit **150 g Joghurt, 1 EL Meerrettich (Glas),** Knoblauch und Schnittlauch in eine Schüssel geben und verrühren. Meerrettich-Dip mit **Salz** und **Pfeffer** abschmecken. **2 EL Sesamsamen** in einer Pfanne ohne Fett goldbraun rösten. **200 g Crème fraîche** mit **2 EL Joghurt, 1 EL süßem Senf, 1 EL flüssigem Honig** und Sesam in eine andere Schüssel geben und verrühren. Honig-Dip mit Salz und Pfeffer abschmecken. Das Gemüse mit den Dips servieren.

COUSCOUS-KÜCHLEIN MIT KRÄUTERQUARK /ERSTSEMESTER, 4 P.

200 ml Gemüsebrühe in einem Topf aufkochen und vom Herd nehmen. **150 g Couscous** unterrühren, zugedeckt 5 Min. quellen und dann abkühlen lassen. In der Zwischenzeit **500 g Magerquark** mit **100 ml Milch, 3 EL Mineralwasser mit Kohlensäure, 1 EL gehackter Petersilie, 1 EL gehacktem Dill, 1 EL gehacktem Schnittlauch, Paprikapulver (edelsüß), Salz** und **Pfeffer** cremig rühren. **2 Eier** mit **3 EL Sesamsamen** und **1/2 TL Sambal oelek** verquirlen und mit dem Couscous vermischen. **2 EL Olivenöl** in einer Pfanne erhitzen, Couscous esslöffelweise hineingeben, leicht flach drücken und bei mittlerer Temperatur von jeder Seite 4 Min. braten. Couscous aus der Pfanne nehmen und warm stellen. Den restlichen Couscous-Teig ebenso verarbeiten. Die Küchlein mit Kräuterquark servieren.

OBSTSPIESSE MIT SÜSSER CREME /BACHELOR, 4 P.

500 g Früchte nach Belieben (z. B. Äpfel, Aprikosen, Bananen, Erdbeeren, Nektarinen, Orangen, Pfirsiche, Weintrauben) putzen und ggf. in mundgerechte Stücke schneiden. Apfel- und Bananenstücke mit **Zitronensaft** beträufeln, um ein Verfärben zu verhindern. Obststücke in bunter Folge auf **hölzerne Schaschlikspieße** stecken. **250 g Joghurt, 250 g Magerquark, 2 EL braunen Zucker** und **1 Pck. Vanillezucker** in eine Schüssel geben und cremig rühren. **100 ml Sahne** in einer anderen Schüssel mit dem Handrührgerät steif schlagen und mit einem Teigschaber vorsichtig unter die Creme heben. **Nach Belieben** mit **2 EL Kokos- oder Schokoraspeln** bestreuen. Die Obstspieße mit der süßen Creme servieren.

MASCARPONE-QUARKCREME MIT APFEL / BACHELOR, 4 P.

2 große Äpfel waschen, halbieren, von Kerngehäusen befreien und in Spalten schneiden. In einer Pfanne 20 g Butter langsam erhitzen und die Apfelspalten darin ca. 2 Min. andünsten. 4 EL Ahornsirup zufügen, kurz aufkochen, vom Herd nehmen und abkühlen lassen. 350 g Mascarpone mit 350 g Magerquark und 3 EL Zucker cremig rühren und auf vier Gläser portionieren. Apfelspalten auf der Creme verteilen und nach Belieben mit Zimt bestäuben. Den Quark mit Frischhaltefolie abdecken, für 30 Min. kalt stellen und servieren.

Mascarpone-Quarkcreme mit Apfel

S. 140

SANDKUCHEN MIT JOGHURT* /ERSTSEMESTER, SPRINGFORM Ø 26 CM

Backofen auf 200 °C (Umluft 180 °C) vorheizen. Eine Springform mit **Butter** einfetten und mit **Mehl** bestäuben. **2 Eier** und **150 g Zucker** in einer Schüssel verrühren. **150 g Mehl** und **1 TL Backpulver** mischen. Zusammen mit **150 g Joghurt** zur Zucker-Ei-Mischung geben und unterrühren. **100 ml Öl** langsam zugießen und verrühren. Teig in die Springform füllen und im Ofen ca. 35 Min. backen. Den Kuchen in der Form auskühlen lassen und servieren.

BIRNENKUCHEN* / BACHELOR, SPRINGFORM Ø 26 CM

Backofen auf 180 °C (Umluft 160 °C) vorheizen. Eine Springform mit **Butter** einfetten. **700 g Birnen** schälen, vierteln, von Kerngehäusen befreien und mehrmals längs einschneiden. **1 Bio-Zitrone** heiß waschen und trocken reiben. Die Hälfte der Schale abreiben, den Saft auspressen und über die Birnen träufeln. **125 g weiche Butter, 125 g Zucker, 1 Pck. Vanillezucker, 1 Prise Salz** und Zitronenabrieb in einer Schüssel mit dem Handrührgerät glatt rühren. Nach und nach **3 Eier** zufügen. **200 g Mehl** mit **2 TL Backpulver** mischen, portionsweise in die Schüssel sieben und unterrühren. **1–2 EL Milch** zufügen und alles zu einem schweren, klebrigen Teig verarbeiten. Den Teig in die Springform füllen, glatt streichen und die Birnen darauf verteilen. Den Kuchen 40–50 Min. backen und lauwarm oder kalt servieren.

BLAUBEER-BUTTERMILCH /ERSTSEMESTER, 4 P.

200 g Blaubeeren verlesen, in einem Sieb unter kaltem Wasser abspülen und abtropfen lassen. **1 Bio-Zitrone** heiß waschen, trocken reiben und die Schale fein abreiben. **1/2 l Buttermilch oder Kefir** mit Beeren, Zitronenabrieb und **2–3 EL Ahornsirup** vermischen und pürieren. Die Buttermilch in vier Gläser füllen und servieren.

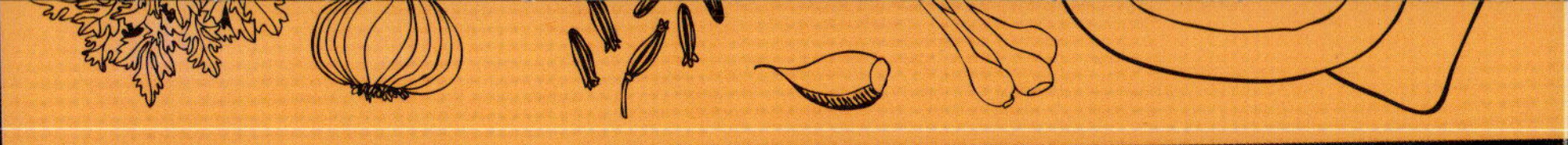

KIWI-GURKEN-COCKTAIL* / ERSTSEMESTER, 4 P.

4 Kiwis und 400 g Salatgurke schälen und klein schneiden. 1 cm Ingwer schälen und fein reiben. Kiwis und Gurke pürieren und mit Ingwer, Salz und Tabasco würzen. Das Püree auf vier Gläser verteilen und mit je 100 ml eiskaltem Mineralwasser auffüllen. Die Cocktails umrühren und servieren.

MANGO-ERDBEER-BOWLE / BACHELOR, 4 P.

1 Bund Estragon kalt abbrausen und trocken schütteln, einige Zweige für die Garnitur beiseitelegen. 3 Bio-Limetten heiß waschen, trocken reiben, zwei Früchte in Scheiben schneiden, eine auspressen. Den Saft mit 4 EL braunem Zucker, 3/4 l hellem Traubensaft und Estragon aufkochen und ca. 5 Min. einköcheln lassen. Vollständig abkühlen lassen und durch ein Sieb abseihen. 250 g Erdbeeren putzen, je nach Größe halbieren bzw. in Scheiben schneiden. 1 Mango schälen, entsteinen und das Fruchtfleisch würfeln. Alles in ein großes Glasgefäß geben. Den Sud zugießen und mind. 1 Std. ziehen lassen. Mit Estragonzweigen garnieren und mit Eiswürfeln servieren.

S. 146

GUTEN-MORGEN-MIX / BACHELOR, 4 P.

3 Orangen mit einem scharfen Messer schälen (dabei auch die weiße Haut entfernen) und in Spalten schneiden. **150 g Früchte nach Belieben** (z. B. Erdbeeren, Bananen, Birnen) ggf. schälen und in mundgerechte Stücke schneiden. Früchte mit **200 g Sahnejoghurt** und **3 TL flüssigem Honig** in den Mixer geben und kurz pürieren. Nach Belieben **4 Eiswürfel** zufügen und erneut kurz pürieren. Das Getränk auf vier Gläser verteilen und servieren.

6/ AUSLANDSSEMESTER

EINE KULINARISCHE WELTREISE

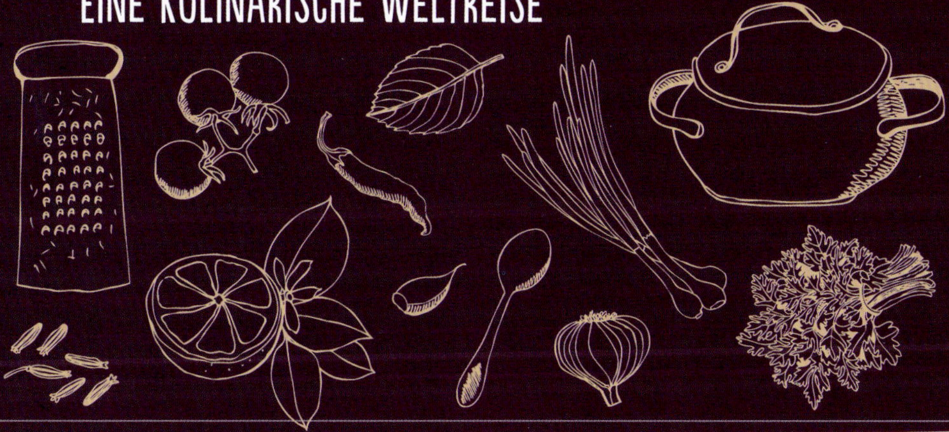

MALTESISCHER SALAT /ERSTSEMESTER, 4 P.

200 g grüne Oliven ohne Stein (Glas), 4 Gewürzgurken (Glas) und **4 Salz-Dill-Gurken (Glas)** fein würfeln. **125 g Kapern (Glas)** in einem Sieb abtropfen lassen. **150 g Thunfisch ohne Öl (Dose)** abgießen und mit einer Gabel zerpflücken. **1 Bund glatte Petersilie** und **1 Bund Dill** abbrausen, trocken schütteln und fein hacken. Alle Zutaten in eine Schüssel füllen, mit **4 EL Olivenöl** beträufeln und mit **Salz** und reichlich **Pfeffer** würzen. Gut vermischen und mind. 1 Std. kalt stellen. Den Salat 30 Min. vor dem Servieren aus dem Kühlschrank nehmen. **Tipp:** Dazu frisch aufgeschnittenes Baguette reichen.

ITALIENISCHER BROTSALAT / BACHELOR, 4 P.

80 g Mandelstifte in einer Pfanne bei mittlerer Temperatur goldbraun rösten. In der Zwischenzeit **6 dicke Scheiben Weißbrot** von der Rinde befreien und würfeln. **3 Knoblauchzehen** schälen und fein hacken. **5 EL Olivenöl** in einer Pfanne erhitzen. Weißbrot und Knoblauch darin unter Wenden goldbraun braten. **1 rote und 1 grüne Paprikaschote** putzen, von Samen sowie Scheidewänden befreien und würfeln. **2 Fleischtomaten** waschen, von Stielansätzen befreien und würfeln. **150 g Schinken** in Streifen schneiden. Alle Zutaten mit **2 EL schwarzen Oliven ohne Stein (Glas)** in eine Schüssel füllen und vermengen. **3 EL hellen Balsamicoessig** mit **Salz** und **Pfeffer** verrühren und über den Salat träufeln. Gut vermischen, kurz ziehen lassen und servieren.

TÜRKISCHER SALAT* /BACHELOR, 4 P.

300 ml Gemüsebrühe aufkochen und vom Herd nehmen. **200 g Bulgur** zufügen und zugedeckt 25 Min. quellen lassen. In der Zwischenzeit **3 Tomaten** waschen, von Stielansätzen befreien und würfeln. **1 rote Chilischote** putzen, von Samen befreien und in feine Ringe schneiden. **2 Frühlingszwiebeln** putzen und in Ringe schneiden. **1/2 rote und 1/2 grüne Paprikaschote** waschen, von Samen sowie Scheidewänden befreien und würfeln. **1/2 Bund Petersilie** abbrausen, trocken schütteln und die Blättchen fein hacken. **3 EL Tomatenmark** mit **1 EL Zitronensaft, 2 EL Olivenöl, Salz, Pfeffer, 1 Prise Zucker** und Petersilie verrühren. Bulgur in eine Schüssel füllen und mit den übrigen Zutaten sowie dem Dressing vermengen. Salat mit Salz und Pfeffer abschmecken, kurz ziehen lassen und mit **Fladenbrot** servieren.

UNGARISCHER PAPRIKATOPF /MASTER, 4 P.

1 rote, 1 gelbe und 1 grüne Paprikaschote putzen, von Samen sowie Scheidewänden befreien und in Streifen schneiden. **500 g Tomaten** waschen, überbrühen, kalt abschrecken, von Stielansätzen und Haut befreien und vierteln. **100 g Speck** fein würfeln. **4 Debreziner oder andere Paprikawürstchen** in Scheiben schneiden. **2 Zwiebeln** und **2 Knoblauchzehen** schälen und fein hacken. **1 EL Butterschmalz** in einem großen Topf zerlassen und Zwiebeln, Knoblauch und Speck darin bei mittlerer Hitze unter Rühren 5 Min. anbraten. **1 EL Paprikapulver (edelsüß)** darüberstäuben, Paprika zufügen und zugedeckt 10 Min. braten. Tomaten zugeben und zugedeckt weitere 10 Min. garen. Würstchen zugeben und bei geringer Hitze 5 Min. ziehen lassen. Das Gericht mit **Salz** und **Pfeffer** würzen und servieren.

ASIATISCHE BLUMENKOHLSUPPE / BACHELOR, 4 P.

1 kg Blumenkohl putzen und in Röschen teilen. **1 rote Paprikaschote** putzen, von Samen sowie Scheidewänden befreien und in Streifen schneiden. **1 Zwiebel** und **1 Knoblauchzehe** schälen und fein würfeln. **2 EL Öl** in einem Topf erhitzen. Zwiebel, Knoblauch, Paprika und **150 g Reis** darin 2 Min. anschwitzen. Nacheinander **1 gehäuften TL Currypulver, 700 ml Gemüsebrühe, 400 ml Kokosmilch (Dose)** und Blumenkohl zufügen. Suppe aufkochen und bei mittlerer Hitze 10 Min. köcheln lassen. In der Zwischenzeit **250 g Hähnchenbrustfilet** unter kaltem Wasser abspülen, trocken tupfen und in Streifen schneiden. Fleisch nach Ende der Garzeit in die Suppe geben und bei mittlerer Hitze ca. 4 Min. mitkochen. Die Suppe **nach Belieben** mit **1 EL fein geschnittenem Koriandergrün** bestreuen und servieren.

REIS-GEMÜSE-WOK /BACHELOR, 4 P.

160 g Sojabohnensprossen (Glas) kalt abspülen und abtropfen lassen. **1 Möhre, 1 Zwiebel, 2 Knoblauchzehen** und **2 cm Ingwer** schälen und fein würfeln. **1 Bund Frühlingszwiebeln** putzen und in Ringe schneiden. **3 Eier** mit **1 EL heller Sojasauce** verquirlen. **2 EL Öl** im Wok erhitzen, Eier darin unter Rühren stocken lassen und warm stellen. **3 EL Sesamöl** im Wok erhitzen. Möhre, Zwiebel, Knoblauch und Ingwer darin bei hoher Temperatur unter Rühren 2 Min. braten. Sprossen zugeben und weitere 2 Min. braten, mit **Salz** und **Pfeffer** würzen. **750 g gegarten Basmati-Reis,** Frühlingszwiebeln und Ei untermischen und erwärmen. Den Gemüse-Wok mit **4 EL heller Sojasauce** und **2 EL Zitronensaft** abschmecken und servieren.

RATATOUILLE /BACHELOR, 4 P.

2 rote Zwiebeln und **2 Knoblauchzehen** schälen und in Scheiben schneiden. **1 rote und 1 grüne Paprikaschote** putzen, von Samen sowie Scheidewänden befreien und klein schneiden. **500 g Zucchini** putzen und würfeln. **300 g Tomaten** waschen und achteln. **2 EL Olivenöl** in einem Topf erhitzen. Zwiebeln und Knoblauch darin glasig dünsten, herausnehmen und beiseitestellen. Nochmals **2 EL Öl** erhitzen. Zucchini und Paprika unter Wenden 5 Min. anbraten. **1/2 Bund Thymian** und **4 Stängel Rosmarin** abbrausen, trocken schütteln und die Blättchen abzupfen. Die Kräuter fein hacken und zum Gemüse geben. Zwiebeln, Knoblauch und Tomaten ebenfalls unterrühren. Mit Salz und Pfeffer würzen. Den Deckel auflegen und bei geringer Hitze mind. 30 Min. schmoren. Das Ratatouille mit **Basilikumblättchen** und **Parmesan nach Belieben** bestreuen.

Ratatouille
S. 156

FEURIGES FISCHFILET MIT ZUCCHINI-GEMÜSE / ERSTSEMESTER, 4 P.

600 g Fischfilet unter kaltem Wasser abspülen, trocken tupfen und in mehrere gleich große Stücke schneiden. **250 g Cocktailtomaten** waschen, halbieren und von Stielansätzen befreien. **600 g Zucchini** putzen und in 1 cm große Würfel schneiden. **2 EL Olivenöl** in einer Pfanne erhitzen und die Zucchini darin 2 Min. anbraten. Tomaten und **1 TL italienische Kräuter** zufügen und mit **Salz** und **Pfeffer** würzen. Fisch auf das Gemüse legen, mit Salz und **1/2 TL Chiliflocken** bestreuen und zugedeckt in ca. 8 Min. garen. Fisch auf vier Teller verteilen. Gemüse mit Salz, Pfeffer und Kräutern abschmecken. Den Fisch mit dem Gemüse servieren. **Tipp:** Dazu passen Kartoffeln oder Reis als Beilage.

VEGETARISCHES LINSENCURRY* / BACHELOR, 4 P.

2 Zwiebeln, 1 Knoblauchzehe und **1 cm Ingwer** schälen. Knoblauch, Ingwer und 1 Zwiebel fein würfeln, die andere Zwiebel mit **2 Nelken** spicken. **375 g braune Linsen** abspülen und abtropfen lassen. Mit Ingwer, der gespickten Zwiebel, **1 TL Salz** und 1 l Wasser in einen Topf geben, aufkochen und zugedeckt bei mittlerer Hitze ca. 25 Min. köcheln lassen. In der Zwischenzeit **20 g Butter** in einem Topf zerlassen. Zwiebel- und Knoblauchwürfel darin bei mittlerer Hitze 3 Min. anschwitzen, mit **3 EL Zitronensaft** und **1 EL Currypulver** vermengen und anschließend unter die Linsen rühren. Linsen aufkochen und mit Salz und Currypulver abschmecken. Die gespickte Zwiebel entsorgen. **Tipp:** Das Curry mit Naan-, Pita- oder Fladenbrot servieren.

SPAGHETTI ALLA CARBONARA* /ERSTSEMESTER, 4 P.

400 g Spaghetti mit **1 TL Salz** in einem Topf mit reichlich kochendem Wasser nach Packungsanweisung garen. In der Zwischenzeit **100 g Schinkenspeck** in Scheiben klein schneiden und in einer Pfanne ohne Fett bei mittlerer Hitze knusprig braten. Schinkenspeck aus der Pfanne nehmen und warm stellen. **3 Eier** in eine Schüssel schlagen und mit **3 EL Sahne, 75 g geriebenem Parmesan, Salz** und **Pfeffer** verquirlen. Nudeln in ein Sieb abgießen, gut abtropfen lassen, dann in die Pfanne geben. Eimischung über die Nudeln gießen und schnell unterrühren. **5 Stängel glatte Petersilie** abbrausen, trocken tupfen und die Blättchen fein hacken. Die Spaghetti mit Schinkenspeck und Petersilie bestreuen, mit Pfeffer abschmecken und servieren.

Spaghetti alla Carbonara
S. 160

CHICKEN WINGS MIT TOMATEN-KRÄUTER-DIP / ERSTSEMESTER, 4 P.

Backofen auf 220 °C (Umluft 200 °C) vorheizen. Ein Backblech mit Backpapier auslegen. **16 Hähnchenflügel** unter kaltem Wasser waschen, trocken tupfen und mit **2 TL Senf** bestreichen. **3 Stängel Petersilie** abbrausen, trocken schütteln und fein hacken. Petersilie mit **3 EL Pesto** verrühren und auf die Flügel streichen. Flügel im Ofen ca. 20 Min. backen, dabei gelegentlich wenden. In der Zwischenzeit **400 ml saure Sahne** mit **2 EL Tomatenmark** in einer Schüssel glatt rühren. **1 Knoblauchzehe** schälen, fein würfeln und zugeben. Dip mit **1 TL Paprikapulver (edelsüß), 1 TL Kräuter der Provence, 1 Spritzer Tabasco, Salz** und **Pfeffer** abschmecken. Die Chicken Wings mit dem Dip servieren. **Tipp:** Dazu passen Weißbrot und ein grüner Salat.

FISCHCURRY MIT ANANAS /BACHELOR, 4 P.

1 Bund Frühlingszwiebeln putzen und in feine Ringe schneiden. **500 g Fischfilet** kalt abspülen, trocken tupfen und in mundgerechte Stücke schneiden. **2 Knoblauchzehen** schälen, fein würfeln und mit dem Fisch vermengen. **2 Scheiben Ananas (Dose)** abtropfen lassen und in Stücke schneiden. **100 g eingelegte Maiskölbchen (Glas)** kalt abspülen und abtropfen lassen. **2 EL Öl** in einem Wok erhitzen und **2 EL Cashewkerne** darin bei hoher Temperatur in ca. 2 Min. goldbraun rösten. Nacheinander Frühlingswiebeln und Fisch zufügen und unter Rühren je 1 Min. mitbraten. **200 ml Kokosmilch (Dose), 100 ml Gemüsebrühe, 1 EL Currypulver, 1 TL Sambal oelek,** Ananas und Mais unterrühren und bei mittlerer Hitze 5 Min. köcheln lassen. Das Curry mit **1–2 EL Sojasauce** abschmecken. **Tipp:** Mit Reis servieren.

CHILI CON CARNE /MASTER, 4 P.

2 rote Paprikaschoten und **2 Chilischoten** putzen, halbieren und von Samen sowie Scheidewänden befreien. Paprika würfeln und Chili fein hacken. **800 g Kidneybohnen (Dose)** abspülen und abtropfen lassen. **2 rote Zwiebeln** und **2 Knoblauchzehen** schälen und fein würfeln. **800 g Tomaten** überbrühen, kalt abschrecken, von Stielansatz, Haut und Kernen befreien und ebenfalls würfeln. **2 EL Öl** erhitzen, Zwiebeln und Knoblauch darin glasig dünsten. **500 g Rinderhackfleisch** zufügen, unter Rühren krümelig braten. Mit **Salz, Pfeffer, 2 TL Kreuzkümmel** und **1 Prise Zucker** würzen. **125 ml Gemüsebrühe** und Tomaten zugeben und offen bei mittlerer Hitze 20 Min. einkochen. Paprika nach 10 Min. zufügen. Bohnen und Chili unterrühren und erwärmen. **1/2 Bund Koriander** abbrausen, trocken tupfen, die Blättchen abzupfen und über das Chili streuen.

Chili con Carne
S. 164

PAK CHOI MIT KARTOFFELN UND EI* / BACHELOR, 4 P.

500 g Kartoffeln schälen und würfeln. **500 g Pak Choi (Asienladen)** in einzelne Blätter teilen und waschen. Grün abschneiden und hacken, Stiele von braunen und weichen Stellen befreien und quer in Streifen schneiden. **100 g Speck** würfeln. **1 EL Butter** in einer großen Pfanne zerlassen und den Speck darin 3 Min. anbraten. Kartoffeln und **125 ml Gemüsebrühe** zufügen, aufkochen und zugedeckt bei mittlerer Hitze 10 Min. dünsten. Pak-Choi-Stiele zugeben und zugedeckt 10 Min. mitdünsten. Pak-Choi-Grün untermengen und alles mit **Salz** und **Pfeffer** würzen. Das Gemüse so verteilen, dass vier Mulden am Pfannenrand entstehen. **4 Eier** aufschlagen und in die vier Mulden geben. Eier zugedeckt garen, bis sie gestockt sind. Den Pak Choi mit Salz und Pfeffer abschmecken und servieren.

PAPRIKA-RINDFLEISCH-PFANNE »SÜSS-SAUER« / BACHELOR, 4 P.

500 g Rindersteak in 0,5 cm breite Streifen schneiden. **2 rote und 2 grüne Paprikaschoten** putzen, von Samen sowie Scheidewänden befreien und ebenfalls in Streifen schneiden. **2 Zwiebeln** schälen und fein würfeln. **1 EL Öl** in einer Pfanne erhitzen und 1/3 des Fleisches darin unter Wenden 1–2 Min. scharf anbraten. Das Fleisch aus der Pfanne nehmen und mit den übrigen zwei Portionen ebenso verfahren. Paprika und Zwiebeln mit **1 EL Zucker** in die Pfanne geben und 2 Min. anschwitzen. **2 EL Sojasauce** mit **100 ml Weißwein, 1 EL Zitronensaft, 1 TL Speisestärke** und 150 ml Wasser verrühren, zum Gemüse geben und aufkochen. Fleisch zufügen und zugedeckt bei niedriger Temperatur in 15 Min. garen. Mit **Salz, Pfeffer** und **Zucker** abschmecken. **Tipp:** Dazu Reis servieren.

PUTENCURRY MIT BANANEN /BACHELOR, 4 P.

500 g Putenbrustfilets waschen, trocken tupfen und in Streifen schneiden. **2 Zwiebeln** schälen und fein würfeln. **350 g Ananas in Stücken (Dose)** abtropfen lassen, 1/8 l Saft auffangen. **2 Bananen** schälen und in Scheiben schneiden. **3 EL Öl** in einer großen Pfanne erhitzen und das Fleisch darin unter Wenden scharf anbraten. Das Fleisch aus der Pfanne nehmen und die Zwiebeln darin glasig dünsten. Nacheinander Fleisch, **3 TL Currypulver,** Ananassaft und **1/8 l Gemüsebrühe** zufügen und bei geringer Hitze unter Rühren in 5 Min. garen. Ananas und **150 g Crème fraîche** zugeben und erhitzen. Sauce mit **Salz, Pfeffer** und **Zucker** abschmecken. **1 TL Speisestärke** mit 1 EL kaltem Wasser mischen und in die Sauce rühren. Das Curry aufkochen und Bananenscheiben unterheben.
Tipp: Mit Reis servieren.

FRITTATA* / BACHELOR, 4 P.

250 g Zucchini putzen und fein würfeln. **1 Zwiebel** und **2 Knoblauchzehen** schälen und fein hacken. **4 EL Olivenöl** in einer Pfanne erhitzen, das Gemüse darin bei niedriger Temperatur unter Wenden 5 Min. anschwitzen und mit **1 Prise getrocknetem Rosmarin, Salz** und **Pfeffer** würzen. In der Zwischenzeit **1 Bund Schnittlauch** abbrausen, trocken schütteln und in Röllchen schneiden. **5 Eier** mit **5 EL Milch,** Salz, Pfeffer und der Hälfte des Schnittlauchs verrühren. Eimischung über das Gemüse gießen und bei geringer Hitze 5–10 Min. stocken lassen. Frittata mithilfe eines Tellers vorsichtig wenden und zurück in die Pfanne geben. Weitere 5–10 Min. braten. Die Frittata mit dem restlichen Schnittlauch bestreuen und servieren.

APFELTARTE*

/MASTER, TARTE- ODER SPRINGFORM Ø 26 CM

240 g Mehl und **30 g Puderzucker** mischen. **150 g kalte Butter** würfeln und mit den Fingern unterreiben. **1 Ei** und 1/2 EL Wasser zufügen, alles schnell zu einem Teig verarbeiten. In Frischhaltefolie wickeln und 1 Std. kalt stellen. Anschließend den Teig ausrollen und eine Tarteform damit auskleiden. Backofen auf 180 °C (Umluft 160 °C) vorheizen. In der Zwischenzeit **600 g Äpfel** waschen, die Kerngehäuse mit einem Ausstecher entfernen. Die Äpfel in sehr dünne Scheiben schneiden und dachziegelartig auf den Teig schichten. **50 g Butter** in Flöckchen auf die Äpfel geben und **3 EL Zucker** darüberstreuen. Im heißen Ofen 30–40 Min. backen. Anschließend mit **Zimt** bestäuben. **Tipp:** Lauwarm mit geschlagener Sahne servieren.

Apfeltarte
S. 170

BROWNIES /MASTER, 12 STÜCK

Backofen auf 200 °C (Umluft 180 °C) vorheizen. Eine Backform mit **Butter** einfetten und mit **Mehl** bestäuben. **250 g Bitterschokolade (70 % Kakao)** in Stücke brechen und mit **150 g Butter** in ein hitzebeständiges Gefäß geben. Wasser ca. 1 cm hoch in einen Topf füllen (der tiefer und schmaler als das Gefäß ist) und aufkochen. Gefäß auf den Topf setzen und die Schokoladenmischung unter Rühren schmelzen lassen, dann beiseitestellen. **3 Eier** und **150 g Zucker** schaumig rühren. **60 g Mehl** zugeben und unterrühren. Schokoladenmischung mit dem Teig vermengen. **50 g Walnusskerne** und **50 g Haselnüsse** grob hacken und unter den Teig heben. In die Backform füllen, glatt streichen und ca. 20 Min. backen. Die Brownies abkühlen lassen, in Stücke schneiden und warm oder kalt servieren. **Tipp:** Zu warmen Brownies passt Vanille- oder Sauerrahmeis.

Brownies S. 172

COCONUT CUBES /ERSTSEMESTER, CA. 20 STÜCK

300 g Puderzucker in eine Schüssel geben und mit **150 g Kokosraspeln, 4 EL Milch, 1 TL Zitronensaft** und **1 TL natürlichem Vanilleextrakt** vermischen. **150 g Butter** in einem Topf zerlassen, leicht abkühlen lassen und in die Schüssel geben. Alle Zutaten zu einer glatten Masse verrühren. Eine Form (15 x 15 cm) mit Frischhaltefolie auslegen, die Masse hineinfüllen und glatt streichen. Mind. 2 Std. kalt stellen, dann aus der Form stürzen, von der Folie befreien und in Würfel schneiden. Die Coconut Cubes gekühlt servieren.

7/ SEMESTERENDE

DAS BESTE ZUM SCHLUSS

ASIATISCHER LAUCH-HÄHNCHEN-SALAT / MASTER, 4 P.

500 g Hähnchenbrustfilets kalt abspülen, trocken tupfen und in Streifen schneiden. **3 EL Weißwein** mit **3 TL Speisestärke** und **1 Eiweiß** verrühren, mit dem Fleisch vermengen und beiseitestellen. **4 Stangen Lauch** putzen und in Ringe schneiden. **3 EL Öl** in einer Pfanne erhitzen und den Lauch darin unter Wenden 10 Min. dünsten. Anschließend in eine Schüssel füllen. **4 EL Sojasauce** mit **50 g Zucker, Salz** und **Pfeffer** verrühren und mit dem Lauch vermischen. **50 g Cashewkerne** in einer Pfanne ohne Fett bei mittlerer Hitze unter Rühren goldbraun rösten und beiseitestellen. **3 EL Öl** erhitzen und die Fleischstreifen darin scharf anbraten, bis sie goldbraun sind. Das Fleisch abkühlen lassen und unter den Lauch mischen. Den Salat mit **Sojasauce** abschmecken, mit Cashewkernen bestreuen und servieren.

HIRSESALAT MIT WEINTRAUBEN UND KÄSE / BACHELOR, 4 P.

1/4 l Gemüsebrühe in einem Topf zum Kochen bringen und 125 g Hirse darin zugedeckt bei geringer Hitze 15 Min. quellen lassen. In der Zwischenzeit 300 g kernlose grüne und blaue Weintrauben in einem Sieb unter kaltem Wasser waschen, abtropfen lassen und halbieren. 150 g Gruyère oder anderen Hartkäse in 1 cm große Würfel schneiden. 3 Frühlingszwiebeln putzen und in feine Ringe schneiden. Hirse in eine Schüssel füllen und mit 4 EL Olivenöl, 2 EL hellem Balsamicoessig und 1 EL Zitronensaft verrühren. Die übrigen Zutaten zufügen und vorsichtig untermengen. Den Salat mit Salz, Pfeffer und 1 Prise gemahlenem Koriander abschmecken, abgedeckt mind. 90 Min. ziehen lassen und servieren.

FEINE ROSENKOHLSUPPE* / BACHELOR, 4 P.

750 g Rosenkohl von welken Blättern und Strünken befreien, waschen und vierteln. 2 Zwiebeln schälen und fein würfeln. 2 EL Butter in einem Topf zerlassen und die Zwiebeln darin glasig schwitzen. Rosenkohl zugeben und 2 Min. mitdünsten. 1 l Gemüse- oder Rinderbrühe angießen, aufkochen und zugedeckt bei geringer Hitze 20 Min. köcheln lassen. Den Topf vom Herd nehmen, 2–3 EL Kohl aus der Suppe schöpfen und beiseitestellen. Die Suppe pürieren und mit Salz, Pfeffer und frisch geriebener Muskatnuss würzen. 150 g Crème fraîche und die Kohlviertel in die Suppe geben und unterrühren. Die Suppe mit 1 TL getrocknetem Thymian bestreuen und servieren.

KARTOFFELCREMESUPPE MIT GRÜNEN BOHNEN / BACHELOR, 4 P.

400 g mehligkochende Kartoffeln schälen und klein schneiden. 1 Zwiebel schälen und fein würfeln. 2 EL Butter in einem Topf zerlassen und die Kartoffeln und Zwiebel darin 3 Min. anschwitzen. 1 l Gemüsebrühe angießen und zugedeckt bei mittlerer Hitze 15 Min. köcheln lassen. In der Zwischenzeit 500 g grüne Bohnen waschen, von Spitzen und Stielansätzen befreien und in Stücke schneiden. Kartoffeln in der Brühe mit einem Kartoffelstampfer oder einer Gabel zerdrücken. Bohnen und 200 ml Sahne zufügen und die Suppe zugedeckt bei geringer Hitze weitere 15 Min. köcheln lassen. Inzwischen 150 g Bacon fein würfeln, in einer Pfanne knusprig braten und auf Küchenpapier abtropfen lassen. Die Suppe mit Bacon und 1 TL getrocknetem Majoran bestreuen und servieren.

BROKKOLI-KÄSE-TARTE / MASTER, 6 TARTELETTEFORMEN

250 g Mehl und 125 g kalte Butter krümelig reiben. Mit 1 Eigelb, 2–3 EL kaltem Wasser und 1 Prise Salz verkneten. In Frischhaltefolie wickeln und 1 Std. kalt stellen. In 6 Scheiben schneiden, auf der bemehlten Arbeitsfläche rund ausrollen und in die gefetteten Formen legen. Mehrmals mit einer Gabel einstechen und erneut 30 Min. kalt stellen. Backofen auf 180 °C vorheizen. Die Tartelettes mit Backpapier auslegen und mit Hülsenfrüchten beschweren. Für 15 Min. blindbacken. Papier und Hülsenfrüchte entfernen und weitere 5 Min. backen. 500 g Brokkoli putzen, in Röschen teilen und in kochendem Wasser in 4 Min. garen. 1 Zwiebel schälen und hacken, mit 1 Ei, 1 Eigelb, 1/4 l Sahne und 100 g geriebenem Käse vermengen. Brokkoli unterheben. Mit Salz und Pfeffer würzen. Auf den Böden verteilen und in ca. 30 Min. goldbraun backen.

Brokkoli-Käse-Tarte

S. 180

SCHWEDISCHER HACKBRATEN* / BACHELOR, KASTENFORM 25 CM

Backofen auf 180 °C (Umluft 160 °C) vorheizen. 1 altbackenes Brötchen in Wasser einweichen und ausdrücken. Eine Kastenform mit Öl einfetten, 4 EL Preiselbeeren (Glas) mit 1 EL Zucker verrühren und auf dem Boden verteilen. 500 g gemischtes Hackfleisch mit Brötchen, 1 Ei, 1 EL Tomatenketchup, 1 TL Senf, Paprikapulver (edelsüß), Salz und Pfeffer verkneten. Teig in die Form füllen, glatt streichen und für ca. 1 Std. in den Ofen stellen. Braten aus der Form nehmen und warm stellen. Preiselbeeren und Bratensaft in einen Messbecher geben, mit Wasser auf 1/2 l auffüllen und dann in einem Topf erhitzen. 2 TL Speisestärke mit 2 EL Wasser verrühren, zur Sauce geben und aufkochen. Sauce mit Salz und Pfeffer würzen. Den Hackbraten mit der Sauce servieren. **Tipp:** Dazu passen Semmelknödel und Rotkohl.

AUBERGINEN MIT TOMATEN-THYMIAN-SAUCE / BACHELOR, 4 P.

750 g Auberginen putzen, längs halbieren, würfeln und mit Salz bestreuen. 700 g Tomaten waschen, halbieren, von Stielansätzen und Kernen befreien und würfeln. 2 Zwiebeln und 2 Knoblauchzehen schälen und fein hacken. 1 EL Butter in einem Topf zerlassen und Zwiebeln und Knoblauch darin glasig schwitzen. Tomaten, 125 ml Gemüsebrühe und 1/2 TL Sambal oelek zufügen, aufkochen und bei hoher Temperatur 10 Min. kochen lassen. Sauce mit Salz, Pfeffer und 1 Prise Zucker würzen und warm stellen. Auberginen trocken tupfen, 5 EL Olivenöl in einer Pfanne erhitzen und die Auberginen darin unter Wenden ca. 5 Min. braten. Die Sauce mit 1 TL getrocknetem Thymian bestreuen und mit den Auberginen servieren. **Tipp:** Dazu Reis oder Fladenbrot reichen.

PUTENGESCHNETZELTES IN KRÄUTERRAHMSAUCE / BACHELOR, 4 P.

600 g Putenbrustfilet unter kaltem Wasser abspülen, trocken tupfen und in feine Streifen schneiden. **250 g Champignons** putzen und in Scheiben schneiden. **2 Zwiebeln** schälen und fein würfeln. **1 EL Öl** in einer Pfanne erhitzen und 1/3 des Fleisches darin unter Wenden ca. 2 Min. scharf anbraten, mit **Salz** und **Pfeffer** würzen und warm stellen. Mit den übrigen zwei Portionen ebenso verfahren. **2 weitere EL Öl** in der Pfanne erhitzen und Zwiebeln und Pilze darin ca. 5 Min. dünsten. Fleisch, **300 ml Gemüsebrühe** und **200 ml Sahne** zufügen, aufkochen und 3 Min. köcheln lassen. **200 g Kräuterfrischkäse** und **100 ml Weißwein** zugeben und unter Rühren erhitzen. Das Geschnetzelte mit **1 TL Currypulver** und Salz abschmecken. **Tipp:** Mit Nudeln oder Reis servieren.

KABELJAU MIT KRÄUTERFÜLLUNG / BACHELOR, 4 P.

Backofen auf 200 °C (Umluft 180 °C) vorheizen. **2 Bund glatte Petersilie** abbrausen, trocken schütteln und fein schneiden. **2 EL Kapern** hacken. Beides mit **2 EL Senf, 3 EL Olivenöl, Salz** und **Pfeffer** verrühren. **2 Stücke Kabeljaufilet (à 400 g)** waschen, trocken tupfen, mit **2 TL Zitronensaft** beträufeln und die Oberseiten mit 2/3 der Kräuterpaste bestreichen. Fisch mit den Oberseiten aufeinanderlegen. Ein Stück **Alufolie** mit **Olivenöl** einpinseln, Fisch darauflegen und mit der restlichen Paste bestreichen. Folie locker verschließen. Den Fisch in 20–25 Min. im Ofen garen. In der Zwischenzeit **400 g Tomaten in Stücken (Dose)** durch ein Sieb streichen, in einem Topf aufkochen und mit **1 TL italienische Kräuter,** Salz und Pfeffer würzen. Den Fisch mit der Tomatensauce servieren. **Tipp:** Dazu passen Nudeln.

MOUSSE AU CHOCOLAT* / MASTER, 4 P.

200 g Zartbitterschokolade grob hacken und in ein hitzebeständiges Gefäß geben. Über dem heißen Wasserbad schmelzen und anschließend lauwarm abkühlen lassen. 4 Eier trennen, die Eiweiße zu sehr steifem Schnee schlagen und kühl stellen. 150 ml Sahne ebenfalls steif schlagen. Die Eigelbe mit 3 EL Zucker schaumig rühren. Nach und nach die Schokolade unterrühren. Sahne und Eischnee getrennt voneinander behutsam unterheben. Die Mousse in kleine Schälchen füllen und im Kühlschrank mind. 3 Std. fest werden lassen. Kühl servieren.

Mousse au Chocolat
S. 186

ZWETSCHGENROLLE /MASTER, 4 P.

Backofen und Backblech auf 220 °C (Umluft 200 °C) vorheizen. **250 g Zwetschgen** waschen, halbieren und entsteinen. **100 g Mehl** in eine Schüssel geben und nacheinander **1/4 l Milch, 1 Prise Salz, 1 EL Zucker** und **3 Eigelb** unterrühren. **3 Eiweiß** mit **1 EL Zucker** und **1 Prise Salz** steif schlagen. Backblech aus dem Ofen nehmen und mit **Öl** einfetten. Teig auf das Blech geben und glatt streichen. Zwetschgen auf dem Teig verteilen, Eischnee löffelweise daraufsetzen. **3 EL Zucker** und **1 TL Zimt** vermischen und über den Teig streuen. Teig im unteren Drittel des Ofens ca. 12 Min. backen, herausnehmen und mithilfe eines Pfannenwenders zusammenrollen. Die Rolle in breite Scheiben schneiden und heiß servieren. **Tipp:** Dazu passt Sahne, Vanillesauce oder Vanilleeis.

REGISTER

Salate

Snacks

Süßes/Desserts

Gebäck/Kuchen

Getränke